英語のシンボルで学ぶ

ネイティブに負けない「英語力」

松本道弘
Michihiro Matsumoto

たちばな出版

はじめに

　本書は恩師、西山千先生に献げたい。
　同時通訳の泰斗、西山千氏（アポロ月面着陸時の通訳を務められた）の通訳哲学は、きわめて simple で symbolic であった。
「同時通訳は簡単ですよ。右のシンボルを左のシンボルに置き換えるだけですから」
　（そんな馬鹿な！ 手話通訳じゃあるまいし、しかも日本語と英語は語順もまるっきり逆だし……）
　そう心の中で師に抵抗しながらも、師の真言（マントラ）を頑なに信じ、今も私は師の影を追っている。
　英語のシンボル。そして日本語のシンボル。
　この二つの言語のシンボルが一致することもあれば、一致せず、衝突することもある。
　しかし、禅の公案のような師のマントラ（通訳はシンボルの交換）を信じ、ひたすら英語のシンボルを追ってきた。
　どんな単語でもシンボル（輪郭）がつかめるまでは丸暗記しようとせず、使おうともしなかった。血がにじむような努力を重ねて、ようやく師の言葉が見えてきた。
　英語はシンボルだ。量でもなければ質でもない。その両方、つまりトータルなのだ。英語のシンボルと日本語のシンボルの両刀を自然に使い分けるまで修行することが、この英語武蔵に課せられた生涯の challenge である。

Coffee break

浮気が unfaithful? ……………………………………………… 136

「生まれ変わり」が another になるワケ ………………… 141

Coffee break

袖振り合うも多生の縁とは strings のこと ……………… 146

ネクラ人間は self-victimized person のこと …………… 149

Second thoughts は最初の考えの否定のこと …………… 152

Coffee break

第3章 シンボルでつかむ英語

Guilt は自分の目、shame は他人の目 ……………………… 156

Coffee break

Symbol は言葉で表せない意味 …………………………… 161

Coffee break

「なんとか道」といえば ship ……………………………… 166

Coffee break

On のシンボルは、ベタッとくっつく …………………… 174

On のシンボルで恩返し …………………………………… 179

Phobia のシンボルは fear より深い脳幹にある ………… 182

Coffee break

Efficient な人は要領のいいマネージャー ………………… 187

Coffee break

英語のシンボルを求めよ ……………………………………………………… 192

シンビル派とボキャビル派のディベート ……………………………………… 195

Coffee break

あとがき ……………………………………………………………… 205

プロローグ
辞書では学べない英語がある

　英語力が足りない、ボキャブラリーがもっと豊富だったら、読み、書き、聴き、話すという英語の４機能がもっとラクになる。と、大半の読者は思う。もしも、それがボキャビルという語彙増殖法に繋がるとすれば、それは常識であり、英語でいえば presumption（推定）である。

　本書は、そういった既成概念に対し、ディベートを挑むものである。

　英語はコツコツやるものという常識は presumed innocent（推定無罪）とされている。ボキャビルは正しいという弁護派は、日本にはゴマンといる。私は、これまでのボキャビルの有罪を立証する検事役を演じることになる。

「空気や常識は、権威であって、容易に崩せるものではない」と、現状維持派は私の説（肯定側）を否定する。だから常識派は否定側（con）になる。そこで、私はボキャビルに匹敵する肯定側（pro）の哲学を立てて、現状維持派に挑むのだ。その旗印が「はじめに」で述べた英語のシンボル増強が先決というシンボルビルディング（symbol building＝シンビル）である。

　プラグマチストである私は、時間と金と努力に見合う効果があったのかという疑問を、現状の教育界に投げかけることから始める。これまでの英語学習法は、money、time、effort（英語の大和

言葉 sweat、blood and tears であろう）が犠牲にされているのだ。

　単語を「覚える」（learn）ことによって顕在意識を刺激するのではなく、単語を「忘れる」（unlearn）ことにより、潜在意識を活性化（エネルギー化）することだ。そのためには、多くを忘れ（多読、多聴で潜在意識を強化）、できるだけインプットした多くの情報を critical thinking（決定的思考）によって体系化していく。ディベートという検証法はそのための手法であって、目的ではない。

　debate を辞書で調べると、「討論」となる。

　多くの日本人がディベートを敬遠するのは、この辞書解釈によるものだ。実際使われている debate のシンボルを追ってみよう。Let's debate what went wrong. これをシンボル交換して「どこでボタンを掛け違えたのか反省してみよう」と大胆に訳してみれば、そうか「反省もディベートか」と、ディベートアレルギーは消える。

　つまり、debate のシンボルは、真理発見の問題解釈のための「前向きな検討」のことである。「前向きに検討する」を、ボキャビル派は discuss something in a forward-looking manner と訳す。一方、シンビル派は、debate something と訳す。to debate という動詞の中には、前向きに（with an open mind）という意味が含まれているのだ。

　仮にこれを symbolic English と名付けてみよう。シンボル強化によって獲得された symbolic vocabulary は、自然発生的な語彙で、人工（人為）的に覚えさせられた無機質の vocabulary と比べて、より生命感があり、より有機的な「生きた英語」であるという主張だ。

　symbolic English とは、呼吸をしている英語で、進化の過程に

ある生き物なのである。角度を変えていえば、symbolic English は見える、しかも温もりのある英語（living English）なのである。

　数年前、スイス銀行と、ナチスにぶんどられた金を返せというユダヤ人の間で亀裂が生じた。Is it better to remember or to forget?（忘れない方がいいのか、忘れる方がいいのか）という価値観をめぐるディベートが生じていたのだ。to remember のシンボルは「思い出す」ではなく、むしろ「忘れない」ことである。

　さて、スイス銀行は過去を覗かない主義。ユダヤ人は忘れることの嫌いな民族である。ユダヤ側の弁護に立つユダヤ人の長老 Elie Wiesel（ノーベル賞受賞作家）は、こう言った。

"But the money is a symbol. It is part of the story. If you suppress any part of the story it comes back later, with force and violence."『TIME』（1997年2月24日号 P.45）
（もしも、スイス銀行のすべてのお金が返済されたところで、ただ一人のユダヤ人の子供の生命すら取り戻すことはできない。）しかし、お金は a symbol（一つの誠意の表し方）であり、歴史と切り離すことができない。もしも歴史にフタをしたりすると、後に暴力的な報復を招くことになる――（拙訳）。

　死んだ子供は返ってこない。しかし、お金は要る。だからお金を返せ。
　その根拠とは、"The money is a symbol." だ。辞書では学べない英語ではないか。
　本書は Language is a symbol. という哲学で通したい。

symbol ——この斬れすぎる英語。

symbol ——象徴。

Tom Cruise is a sex symbol. というではないか。いや、「The Last Samurai」で主演となったトム・クルーズには象徴以上の影響力がある。

China and South Korea see the Yasukuni shrine as a symbol of past militarism.

そう、このシンボルには、理屈以前の問題で妥協の余地のないもの、というきわめてsymbolicな意味がある。

英語教育界での武蔵とシンボライズされている自己顕示欲の強い私が、symbolic leader（親分）になれるか、読者諸賢とのシンボル応酬（give and take）を通じ、以心伝心（heart-to-heart）の実現を夢見ながら肩の力を抜いて書き下ろしてみたい。

第 1 章

日本語にできない英語

aとtheは「1つ」か「1つしかない」の差

English is the language.
英語こそみんなが学ぶべき言語だ

「古池や蛙とびこむ水の音」。松尾芭蕉のこの俳句を外国人に英訳させると、百人百様の解答が生まれる。古池を old pond と訳すか ancient pond にするかは他愛ない議論だ。

問題は、蛙を a frog と訳すか the frog と訳すか、それとも frogs と訳すかだ。ここまでくると、訳者の感性のみならず、イメージング・パワーが関与することになり、問題は複雑化し、それが俳句の国際化を妨げることになる。

あるとき私の英語クラスにいた中国人に、この俳句を耳にしてまず何を想起するかとたずねたところ、「そうですね、こんなだだっぴろい池で」と大きく両手を広げ、「何万匹という蛙が同時に飛び込んでいる賑やかな情景が浮かびます」と答えたので、思わず私は「そんな数のカワズがいるわけがない！ A huge pond. Millions of frogs jump in. A big splash. では詩心がなさすぎる」と言った。クラス中が爆笑の渦になったことはいうまでもない。

aとtheのシンボルが見えない日本の英語学習者

日本人のみならず、東洋人にとって、最も頭を痛める英訳上の

課題がこの単数と複数の扱いである。いっそのこと、Old pond, frog, splash. だけでもいいのではと思える。それほど日本人にとって、a と the の区別が困難なのだろう。

　日本人はなぜ、I'm a wife of Mr. Suzuki.（私は鈴木さんの女の一人です）といった、とんでもないミスをするだろうと、ネイティブは首をかしげる。こう言ってしまう日本人は、a wife が「二号」とか「日陰の女」に変形し、重婚問題に発展しかねないリスクを含むものとは気づかない。なぜなら、英和辞典を引いても a は「1つの、どれか 1 つの、ある（a certain）、同じ（girls of an age）」、に加えて「～につき」（twice a week のように）くらいの解説で、

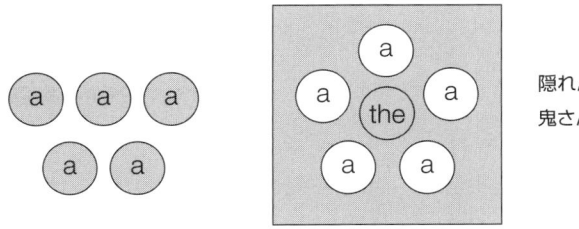

隠れんぼしている鬼さんがthe

ディベートの論証に用いるプロセスを図示すると

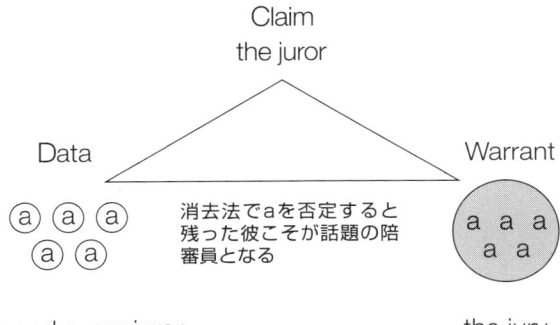

the は「その、あの、例の」程度の訳しかない。もっとも、学校の英文法の授業では教師は必ず、最初の地震は a quake だが、2回目は the quake に変わる、と解説することを義務づけられているようだが、両者のシンボルの違いまでは教えていない。両者の違いは P.19 の図のようになる。

　集合論で言えば、the jury（陪審員団）の中に jurors がいる。その中に本命の the juror がいる。since から because に焦点が絞られて the に落ち着いていく。a language（外国語の１つ）が５つあれば five languages（5カ国語）と複数になるが、the で囲むと「これが言語というものだ」というシンボルに変化する。English is *the* language. となれば、「英語こそ世界で通じる（あるいは今、話題の）言語なのだ」ということになる。the は「世界に通じる」という隠れた意味があるので、Rolex is *the* watch. とローレックス社が世界中に自社の時計を PR したことは賢明だった。

　映画『ジョーズ』で、「サメを殺して復讐してやった」と雀躍している人に、「よく見ろ、ただのサメじゃないか。あの（復讐すべき）サメじゃない」と反論した人がいた。役者名は覚えていないが、a と the の違いは、はっきり私の耳をとらえた。

　You killed a shark, but not *the* shark.

　この場合、the のシンボルは右の図のようになる。

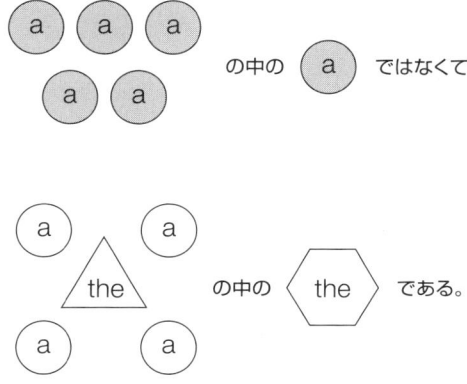

It's the SONY. となれば「ソニー以外は二流」となる

「It's a SONY.」はいいコマーシャルだ。新製品もソニーのブランドだ、という誇りが感じられる。だが、社員が We're a company. と言っている間は、まだ社風が固まっていない（not a strong corporate culture yet）。"We're the company." といえるようになってこそ、本物なのである。この違いを覚えるには、口唇でセンテンスごと覚える必要がある。

　You're just taking (getting) a picture; you should be getting the (big) picture.
（君は局部しか見ていない。大局をとらえるべきだ）

　a は一部、the が全体像（the whole）ということは、parts というジクソーパズルの pieces が集まった、不可欠となった全体（integrity）が the（和）ということだ。

いくら英語の達人になっても冠詞だけは苦手という人が多い。a と the の違いなんかどうでもいいじゃないか、いっそのこと両方ともなくしてしまえば、と飛躍する人がいる。
　あながち暴論とは言えない。事実アメリカ人でも冠詞抜きの口語英語を好む傾向がある。
　We're team. We're family. などがその例だ。映画の英語をじっくり聴いてみよう。

Coffee break

　ちょっと、質問してみよう。「水くさい」って英語でどう言う?
「……。We're not strangers, are we?」
　よし、でも4、5秒かかっている。1秒で言えるかい?
「???」
　What's a friend for?
「???」
　そう、ワッツフレン⒟フォアだ。(以下○印は黙音)
「そういえば、映画などでよく耳にします。先生から学んだ英語表現はネイティブ英語ですぐに役立ちます。……今日の授業料は?」
　水くさい (What's a friend for?)。ま、じゃコーヒー代だけ払ってくれるか。昔なじみだから (for old time sake)。
「先生らしい! (There you go!)」

第1章・日本語にできない英語

Justiceも和（WA）も乱せば裁かれる

Don't rock the boat.
和を乱しちゃいけない

西洋のjusticeは左右対称のロジックの延長。そのシンボルは秤である。

We have to do justice to the war dead.
　この英語のシンボルが見えるだろうか。
「英霊が浮かばれない」
　まだシンボルが見えないって？　justice は「正義」と訳されているが、そのためにかえってシンボルが見えにくくなっている。

　justice のシンボルは「秤」である。

秤は左右対称に保つことが目的である。最後の審判（the Last Judgement）では、死者の生前の行いを善悪の判断でもって審査し、判決を下す。

一方、仏教でいう地獄の入り口には、怖い顔をした閻魔（Skt, Yama, the Judge of Hell と訳されている）が、閻魔帳（a black list）を持って控えている。そこで善行、悪行を測定するために使うのは浄玻璃という鏡（mirror）であって、古代エジプト人が用いた秤ではない。

どうやら、地獄の法廷は閻魔さんの自由心証主義によるところが多いような気がする。西洋では形式に関する限りもっと客観を重視する。法はゲームのルールである。勝つためには何か、納得させる基準が必要である。その「何か」が秤のjusticeであり左右対称のロジック（symmetrical logic）である。西洋でいうリーダーとは公平（just）でなくてはならない。それを証明する、つまり両者を納得させることが to justify（正当化する）である。

「和」をシンボル交換すればjusticeになる

ＡとＢのいずれが正しいか、秤を用いて判断ができるjudge は、クールでバランスのとれたjust な人でなければならないが、東洋でいうカドの取れた人は well-balanced で太っ腹な人に用いられる。頭は△でよいが、腹は〇の方がよい。知的なバランスだけではなく、情緒的にもバランスが取れていなくてはならない。そしてIQ（知能指数）とEQ（心の知能指数）のバランスがとれた人でなければならない。

その重心は中庸（golden balance、私訳）を求める求心力のようなものだ。

クラゲの行動をシンボライズすると、「中庸」に落ち着くのだ。重心を取ることがうまいクラゲは、逆さになっても簡単に元の形に戻る。クラゲは、フリーエネルギーでプカプカ浮いているだけで、自然にバランスを取っている。いつも空の状態でストレスがたまらない。

クラゲは中庸で重心を保つ。常に和（wa）が保てる。「和」は左右だけでなく、上下左右のspherical（球状）論理の重心（古神道では「今中」）である。私は、和をharmonyとは訳さずthe waとそのまま訳したり、和の呪縛力を欧米人に伝えるために、日本人を裁くjusticeのようなものだと解釈することがある。和を乱す人は、場から外される。和がjusticeとはそういう意味だ。和とは静的に見ればa sense of togethernessであり、動的に見ればcircular justiceである。

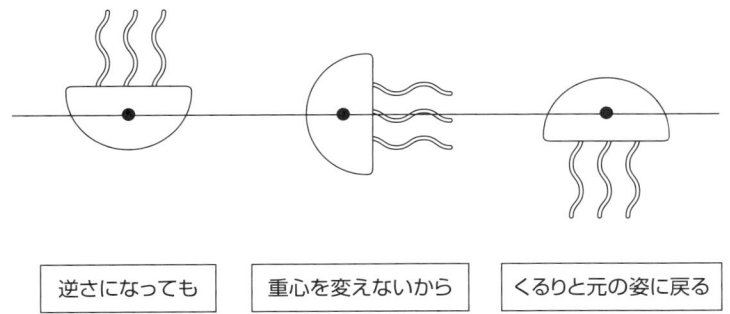

重心とは (a center of gravity) でシンボルは中空

☕ *Coffee break*

　日本人好みの「和」ほど英訳しがたいコンセプトはない。「二人は仲がいい」は The two get along. 「その夫婦は仲がいい」は The couple are still together. である。happily married よりも together（まとまっている）のシンボルで短く引きしめた方が英語らしい。

　軍隊がまとまっている場合は、The troupe morale is high. 志気、つまり morale（モラール）と e がつくから、フランス語の esprit de corps（団結心）が感じられる。e を外せばモラル（道徳心）となるから、意味が違う。

　私はどうも「和」を harmony と直訳することをためらう。日本人のメンタリティーによれば、内輪の人の価値観は「和」だが、「和を乱す」（rock the boat と表現する）人は、ship out せざるを得なくなる。英語民族にとって、和を乱す人（同意しない人）たちでもジグソー・パズルの pieces と考えるから、それらを integrate (pierce together) することが「和す」ことである。だから和を integrity と訳すことがある。ジグソー・パズルは、いろいろなピースをいかに早く和す、put together (integrate) するかというゲームにほかならない。和を重んじる民族は、征服しない。平定する。平定とは to put people together のことだ。

Bigは周囲を動かすパワーのこと

Think Big.
夢はでかく持て

America

Japan

　一昔前に読んだペーパーバック『NOMO』（Signet）の著者Herb Faganは、これでもかこれでもかとbigを使っている。日本人大リーガーのピッチャー（a big-league pitcher）のパイオニアである野茂英雄——そのa big fanであるファーガンは、当時の彼の人気（being big）の秘密を明らかにする。

　当時bigであった野茂は、両親のことをこう語る。

My parents were always big baseball fans.

野茂は、いずれメジャーリーグで野球をすることを夢みていた。

Nomo had dreams of one day playing baseball in the big leagues.

彼の夢は叶えられ、日本で a big star であった彼は、ドジャース入団後すぐに初登板、大勝利（win big）をおさめた。日本では big news または big-time news となったが、アメリカではまだ a big story ではなかった。しかし、野茂の名前がドジャースに載ったときは、世界中が唸った。This is a big day.（記念すべき日だ）と。イチローや松井が big name になる前の話だ。

野茂がロサンゼルスでデビューした当時は、big-time drama と『Los Angels Times』で仰々しく取り上げられた。野茂フィーバーは、日本でも大々的に報道された。

Nomo fever hit Japan in a big way.

コマーシャルにも出るなど、野茂マニアに便乗するビジネスが増えてきた。

Nomomania became a big business.

まさに big name、big fame は big money を呼ぶのだろう。

だが、big drama と land of big opportunities を約束するアメリカは、恐ろしいところでもある。big money が手に入ると、big spenders、そして big betters にもなるので、big winners か big losers のいずれかに終わってしまうことになる。

アメリカの文化的シンボルは big だった

よく、Smart guys fall.（要領のいいヤツは崩れるのも早い）といわれるが、アメリカでは Bigness is goodness. なのだろう。要領のいいヤツは、本人の哲学や理想論など意に介さず、常に cool で pragmatic であり、自己の greed（欲）のためにはとんでもない big lie をつく。どこの職場にも、そういうコソコソした嫉妬深い人間、つまり裏で同僚を引きずり落とす陰険な big liars がいるのだ。そういう輩は、同僚の悪評には常に聞き耳を立てている。地獄耳のことを big ears という。

かつて、『TIME』のシニア・ライターであるランス・モロー記者から「君は日本のマフィアだ。顔が広く、You're big-time. とにかく君は情報を収集するための big ears（裏の人脈）を持っていて、ジャーナリスト向きでもある。共同取材でもやるか」とほめられたことがある。

私のハッタリもある（I talk big.）。しかし、大物に見せよう（so I can look big）とする行為は a big talk だ。アメリカの文化

は、anything big に対する警戒心を持っているからだ。Internet is big.（インターネットが大流行している）なんていえば、big government が黙っていない。独禁法によって処罰すべきだ、となってしまう。

アメリカは、旧宗主国イギリスから big breakthrough を起こした反逆の国である。建国当時からイギリスという big government を嫌っており、新大陸でも big government にならないように checks and balances（三権分立）を確立しようと、お互いに誓い合っている。イギリス人の目には、アメリカ人がこのように映る。

イギリス人が見るアメリカのbigコンプレックス

1996年12月21日号の『The Economist』は、Land of the big.（P.44）という見出しでアメリカの特徴を次のように big というシンボルでとらえている。最後のパラグラフから結論だけを述べてみよう。

> But the really big thing about America --- the things other countries never match --- is the quality to which the president referred in his interview: a bigness of the spirit. There is plenty of big talk and big ideas; but even big egos respect the big talk of others. Politicians spend revoltingly big sums, but at least they must compete against other big spenders. There are big numbers of

ethnic Irish, Italians and so on; but in its better moments, at least, America extends a <u>big welcome</u> to new immigrants. <u>Bigness</u>, in short, works because it is tempered with diversity and choice.

　bigのオンパレード。bigのシンボルだけをフォローすれば訳は要らない。a bigness of the spirit(宏大な精神), big talk(大風呂敷), big ideas(奇抜なアイディア), big egos(功名心), big sums(大金), big spenders(浪費家)という価値観を求めてbig numbersの移民者がアメリカへ押し寄せてくる。アメリカ人は彼らに、a big welcomeを与えたという事実から、「アメリカでは大きいことはいいことだ」と結んでいる。

アメリカのシンボルはbigからglobalに変わる

『The Economist』(2006年6月17日号)でAmerican Dreamを特集した。

　不平等とグローバリゼーションが浮き彫にされていた。アメリカのbigは少数で、パワフルな少数派はglobalizationというスローガンを撒き散らしている。「実」のbigから「虚」のglobalというシンボルに進化し始めているようだ。その証明の前に、ここでちょっとbigをおさらいしてみたい。
　「この商売はでっかい(関西ではゴッツイ)」はThis business is big.「これは大金だ」はThis is big money.

（This is a lot of money. よりもパワーを感じる）。

　阪神淡路大震災（the big Hanshin Awaji Earthquakes）のときに、政府よりも早く自社のヘリコプターを救援のために飛ばせたダイエーの中内㓛氏は、型にはまらない（bigger-than-life）男（man）で、スケールのでかい男といわれてきた。「彼は太っ腹だ」は He's big. 書き言葉に直すと He's big-hearted. となる。Big stomach とはいわない。東洋の腹（肛、胆）も胸（heart）止まりだと覚えておこう。次は global だ。

Globalは地球を「ぐるり」のシンボル

Japan should go global.
日本は地球規模で考えるべきだ

さて、big が終わって global に移ろう。

日本語でよくグローバル・スタンダードという和製英語を耳にする。これは英語ではないと最初に気づいた人が、親日派のビル・トッテン社長である。日本で成功した企業のトップで、アメリカのグローバリゼーションという悪どい戦略に騙されるなと、日本に警告し続けてこられた熱血漢である。しかし私は global standard という活字を一度だけ見たことがある。センテンスはたしか in search of global standard であったから、地球規模というのは幸福の青い鳥のように、多くの人が苦労して求める幻である。

globe は地球だから、人は international と混同するようだ。ある会議で global と international の違いを教えて欲しいとの質問を受けて、とまどったことがある。今、私は言葉というよりシンボルで答えることにしている。

南極も北極も同次元──これがグローバル思考

私が主宰している紘道館には、ビニールの地球儀風船がある。いつも膨らませたままだ。私の語りが始まる。

「これからは、思考はglobalでなくてはならない。日本語のグローバル・スタンダードはAmerican standardだが、本来のグローバルは、地球儀のように立体的なのだ——。この風船のように」

そして、この地球儀風船を目の前の塾生に投げかける。それを生徒が両手で受け止める。

「手のひらが接触しているところが、インターナショナルだ。Interという糸で繋がっているだろう。しかし、それも局地的だな。アメリカの野球やアメフトのように。アメリカン・スタンダードとはそんなものだ。だからアメリカは野球でも何でもインターナショナルという言葉を使って、影響力を誇示する。もっとも共産主義の運動でもインターナショナルという言葉を使っていたがね。要するに彼らは、平面的に結びつきあっている。ところがglobalは、この地球そのもの——立体的になっているだろう。

さて、その風船を投げ返してくれないか。これがglobal communicationだ。北半球も南半球もコロリと変わっているだろう。internationalはまだ平面的で、国益がどちらにあるかがナショナリスティックに考えられる。しかしglobalとなると、国益から離れ地球規模に広がっているというイメージが生まれる。サッカーの方がglobalなのだ」

こんなふうにglobalizationという言葉を使ったらどうだろうか。

Globalization means the co-ordination of transport by road, rail, sea, air and now by the internet.
(グローバリゼーションとは、路面、鉄道、海上、空中での交通、そして今ではインターネットなどをうまく結びつけることだ)

グローバリゼーションが、陸・海・空のあらゆる交通手段はもとより、インターネットが加わると、コーディネーション（結びつけると訳したが）が大変だ。

だから、兵站業務（ロジスティックス）も複雑化する。アメリカの bigness と global growth を守るために、global partners が必要となった。しかし global standard などあるわけがなく、超グローバル企業であったエンロンのように、ぽしゃってしまった。

やはり、今はやりのサプライ・チェーン・マネージメント（この成功例がウォールマート）のための戦略と戦術の向上が見直され始めた。しかし、big であればいいというスケールメリット（正しい英語は economies of scale）の時代は終わり、今やウォルマートも midlife Crisis（中年の危機）を迎えている。

ロジスティックス（兵站）はもともと軍隊用語であった。大規模なオペレーションを維持するためのコストカットやアウトソーシングは重要な戦略となる。サプライ・チェーン・マネージメントが戦略（strategy）とすれば、ロジスティックスは戦術的（tactical）である。

こうなると lean manufacturing（ムダのないメーカー）として知られているトヨタは、強いお得意のカンバン方式（just-in-time inventory）で、まだまだ在庫の負担を少なくしようとしている。

Badは「使えない」のシンボル

It's cool to be bad.（ワルの方がかっこいい）

　bad を「悪い」と英和辞典ふうに覚えていると、その人の思考とコミュニケーション能力はストップする。単語は、それが使われている状況を分析し、そのシンボルをつかみながら自然に増殖させるべきである。つまり、核となる core meaning を把握していれば応用が利くので、英会話はラクになる。単語は自己増殖する。
　たとえばこんな英語がある。

Once Michael Jackson was bad, but now he may be bad for business. — Newsweek Sep.6, 1993 —
（かつて、マイケル・ジャクソンは不良少年であった。しかし、今ではビジネスにならない不良商品なのかもしれない）

　このセンテンス内で2回使われている bad のニュアンスを殺さず翻訳しようとするとき、once he was bad は文脈からすると、「かつて、彼はグレていた」となる。

She's bad. And her boyfriend has gone bad too.
（彼女は不良で、彼女のボーイフレンドもグレた）

このニュアンスを bad for business に生かそうとすると、「不良商品」に近くなる。

この場合、bad の共通のシンボルは「使えない」である。

bad hotelは、(だれも泊まりたがらない) 不良ホテル

1984年、ペプシ・コーラはマイケル・ジャクソンと法外な契約を結んだ。ペプシ・コーラは、彼の公演旅行のスポンサーとして5000万ドルを注ぎ込んだ。ソニー・レコードは1991年、彼に6500万ドルという大金で契約を交わし話題をさらった。その後、彼の信頼性は崩れ、ペプシもソニーも、ギャンブルに失敗したということになる。

つまり、They picked the wrong man.(選んだ相手が悪かった)となる。同じ「悪」でも bad と wrong は似て非なるものがある。日本人は、両者をよく混同するので、少し解説をはさんでおきたい。

wrong は、彼自身が悪(bad)なのではなく、選んだ当事者の判断が間違っていたということになる。かつて、私がニューヨークのルーズベルト・ホテルに投宿していたとき、友人の『TIME』のシニアライター、ランス・モローに「私が受け取ったカギで部屋を開けると、ほかの客が入っていた。あんなホテルを選んだ私が間違っていた」というつもりで "It looks like I'm staying at the wrong hotel." というと、ランスは笑って "No, you're staying at the BAD hotel." と切り返した。「いや、あんたの判断が悪いのではなく、もともと質の悪いホテルに泊まっているだけだ」ということだが、直訳で日本語にすると意味が分からなくなる。意訳して「悪いのはホ

テル側」だとすれば通じるはずだ。つまり、選ぶ人が誰であってもそのホテルは使えない「不良ホテル」ということである。そして、とどのつまり、マイケル・ジャクソンはコマーシャルに用いるには「不良商品」ということになる。

bad bloodのシンボルは、「反目しあっている仲」

このようにbadを「使えない」というシンボルでとらえていると、次のような英語が覚えやすく、使いやすい。

bad cheque 　使えない手形 → 不渡り手形
bad debt 　　使えない債権 → 不良債権
bad luck 　　使えない運 → 不運
bad food 　　使えない食物 →くさった食物
bad apple 　　食えない腐ったリンゴ → 周囲に迷惑となる不良
bad blood 　　血が通わない（悪感情）→ イギリス人とアイルランド人の不仲など

次の文章が見えてくるだろうか。

It's the media and leftists who are creating bad blood between South Korea and Japan.
（韓国と日本を仲たがいさせるのはマスメディアと左翼の人たちだ）

「私の講座をどう思いますか？」
"Not bad." （悪くないね）――使えないことはないという意味。

大阪の商人が「ぼちぼちでんな」というのは Not bad だ。
"I felt bad."（バツが悪かった）
"Don't make him look bad."
（彼のメンツをつぶしてはいけない）

　feel bad が lose face（メンツをつぶす）に近い意味で使われることがある。I have a bad feeling. は「不吉な予感がする」の意。口にしたくない、つまり「使えない」感覚のことである。最近、アメリカの TIME 誌がサッカーを bad sports とこき下ろす見出しを使った。観客の大乱闘がスポーツかね、といわんばかりだ。アメリカ人はヨーロッパ人のサッカー熱を妬んでいるようだ。

　英語的発想とは何か、思い切って言えばこうなる。天国に向かう方向が right で、地獄へ堕ちる方向は wrong である。Right であっても、真っ直ぐ進まなければ bad（使えない）である。

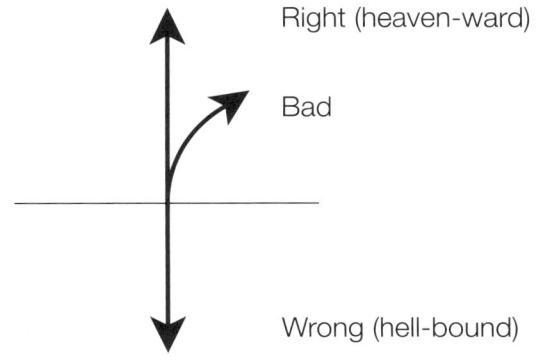

「ふさわしくない」はすべてwrong

　もうちょっとシンビルの練習をしてみよう。

" I'm afraid I've married a wrong woman."
"No. You've married a bad woman."
「ぼくにふさわしくない女性と結婚してしまった」
「あの女は誰にとっても（俺を含め）ふさわしくない（不良）女だよ」

　つまり、No. といって相手をなぐさめているのだ。続けよう。こんな映画のシーンがあった。

"You gave me the bad directions."
"No. I gave you the wrong direction."

　英語が完璧でない中国人（ジャッキー・チェン）とアメリカ人の間のユーモラスな会話だ。もう一度このシーンの字幕を読んだが、まだピンとこない。笑えない。私なりに字幕訳を試してみよう。

「君の教え方が悪かったんだ」
「いや、ちゃんと教えたぞ。あべこべの方向をね」

Coffee break

こんな表現を知っているかい。There's no worse thief than a bad book. そう、「クズな本ほど時間泥棒はいない」

ガセネタ（bum steer）情報の多い本や自画自賛の本はすべて bad books だ。送ってくる新本。私のホームページを読んでくださいという PR——すべて time thief だ。「いい本だ」と自己 PR する本はどうも警戒したくなる。そんな本を書いては、読者に対して迷惑（disservice）になると自ら戒めているからである。むしろ、「これはワルの本だ」と開き直りながらも謙っている筆者の本の方が情報価値があり、タメになる（good）。『ミナミの帝王ワルの裏経済学』（にちぶん文庫）というタイトルが気に入って、ペラペラとめくる。

――ネットワークビジネスというのは、通販商品を買って、知人に紹介すればするほど、子から孫、曾孫へと組織のネットワークが拡大し、「ボーナス」もどんどん転がり込む、という触れ込みの商売や。なんのことはない。ネズミ講のマルチ商法、マルチまがい商法などと呼ばれていた商売と、基本的な構造はあまり変わらんのやで。――

今後、インターネットが仮想店舗の役割を果たし、利用者が爆発的に増えるとなると、恐ろしいばかりのネズミ講になると違いますか？（P.83）これほどストレートに書けるのは、筆者が I'm bad.（ワイはワルやで）と開き直っているからである。「ワルはかっこいい」（It's cool to be bad.）という読者の深層心理を読んでいるからコワい。

networking business といえば、白の世界のハーバード・ビジネス・スクールでもうける。白色だからだ。multi-level marketing（マルチ商法）となると黒色で、違法となる。黒（闇）の世界の人間がいちばん詳しい分野だ。私も、空気に逆らって（fighting the odds）、ボキャビル人間の常識に挑戦してきたのも、I'm bad.（ワイは英語界では裏の人間や）というスタンスを崩さなかったからだ。

見えないfreedomとlibertyの違い

You're free to win liberty.
君は自由を獲得する自由がある

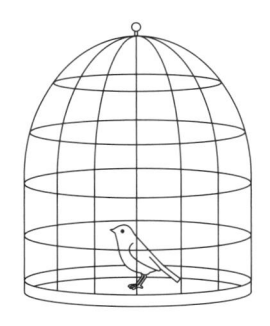

liberty

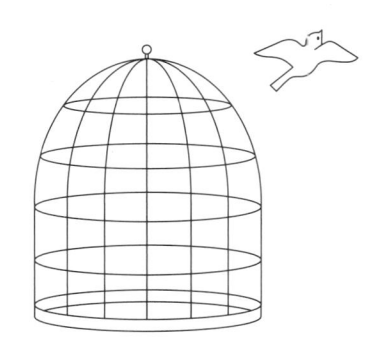

freedom

　フランス革命の「自由・博愛・平等_{リバティ　フラタニティー　イクオリティー}」のうち、自由は freedom かそれとも liberty かとたずねると、自信を持って liberty

と答える日本人が少ない。どちらも日本語では「自由」なのだが、この違いが見えない。たぶん、英語のシンボルが見えないからだろう。

まず、英英辞典（Random House Webster's Dictionary）で、freedomのfreeとlibertyのliberalの輪郭を探ってみよう。

Freeとは、

1. enjoying personal liberty
2. possessing and political liberties
3. exempt from external restriction
4. able to do something at will

個人的な自由(リバティー)と、外部からの規制を受けないというシンボルがつかめる。開放されてどこへ逃げたいのか、何のために、という目的意識に乏しい。三島由紀夫が求めたもの。liberalとは、

1. favoring progress of reform
2. free prejudice, tolerant
3. characterized by generosity

リベラルとは、進歩、改善を求め、偏見がなく、寛大というシンボルだ。libertyとは、

1. freedom from arbitrary despotic government
2. freedom from external or foreign rule

リバティーとは、専制的政治や、外部の法則から解放されることである。フリーダムと違って、そこには何か目的がある。しかも個人的なものではない。ユダヤ民族が求めたもの。このように見ると、左の図のようなシンボルが浮かぶ。

libertyからも人は逃げ（flee）て解放（free）されたい

鳥カゴの中では、鳥は自由に動ける。水もエサも自由で、狩りをしなくても与えてもらえる。一方、カゴの外の鳥は自由だが、リスクを負ってエサを求め、鷲や鉄砲を持った人間から身を守らねばならない。鳥カゴの外の鳥は、「ああ、あの鳥カゴの中の鳥はいいな。あそこには安全（security）がある」とうらやましがり、嫉妬もする。あの鳥カゴの中の鳥のような自由を獲得したい。この自由が liberty である。しかし、そのカゴの中に入ると、そこから逃げ出したくなる。この自由が freedom である。liberty と freedom には、現状から解放されたいという共通のシンボルがある。どちらも相互誤解から逃れられない。

　ほかの世界が、あるいはほかの人がよりよく映るのは、欲が深くて嫉妬深い人間の性(さが)なのだろうか。自由からも逃亡したくなるのも人間の性(さが)なのだろうか。気前のいい（liberal）人から食事をおごってもらうと、カゴの中の人はそれが当たり前だと甘えるが、カゴの外の人は、「タダほど高いものはない」There's no free lunch. と警戒してしまう。飼い猫と野良猫との関係によく似ている。人は傷つきながらも自由（freedom）と選択（choice）を求める。

自由から逃亡できなかったトマス・ペインのpainful人生

　国は、liberty を保護しても、freedom までは保護できず個人に任せてしまうのである。民主主義の自由とは freedom のことである。君主制には、choice が少ない。アメリカ合衆国が誕生した頃、民主主義という言葉はなく、共和制（republicanism）という言葉が

使われた。アメリカ合衆国は、イギリスという君主制に対する怨念からの freedom の具体化されたものである。

freedom であったが孤独であったトマス・ペイン（ベストセラー『コモン・センス』の著者で、米独立戦争を煽った）の怨念は、フランス革命にまで飛び火した。フランスでは liberty という見える自由を求め、共和制を生んだが、アメリカ合衆国は、freedom だけを求めただけに、憲法でそれを見える形（つまり liberty）にしなければならなかった。

その liberty も、実は植民地主義者たちが考えた白人支配のシンボルであった。イギリス人からアメリカ人になり、白い目を向けられたトマス・ペインは、とりわけフランスでは毛嫌いされた。フランスは freedom より liberty を望んでいたからであろう。アメリカはわがままな人たちの新興国だ。トマス・ペイン好みの free spirit（自由奔放な人たちのこと）をさらにわがままにしたのは、アメリカの freedom ではなかったか。彼の死は孤独であった。せめて名前だけでも痛みをやわらげるために、Pain に e を加え、Paine にした。フリーダムを求める人は、束縛されることが大嫌いで、せっかく得た liberty から逃げ（free）ようとして逃げきれないからだ。

Get a gun. はアメリカの原点

自由を守るには銃が要るというのがアメリカ的発想だ。ザ・システム（the Big Government のこと）に立ち向かった組織犯罪集団や、集団自殺で明るみになった数々の狂気の宗教団体が破壊を好むのもアメリカ的。イギリスから見れば、アメリカは land of big（ビッグに憧れる国）だ。big には「抵抗」「解放」、そして freedom に対しては「奴隷」(slavery)「孤独」(loneliness) という相棒がいる。私には、暴力(violence)はそのための代償(price) のように思えてならない。

村に戻れぬアメリカ人の悲劇

　クリントン元米大統領は America doesn't need small. America needs big. と述べた。しかし、ヒラリー・クリントン は『It Takes a Village』というビッグ・セラーを書いて、big government ではなく small な地域グループが必要だと、ご主 人とまるっきり反対の意見を述べた。奇をてらったところ、まさに big idea である。大統領夫人も大統領という big man の考えに 束縛されない。アメリカ人は、誰からも束縛されるのが嫌いなの だ。アメリカは liberty の国ではなく、常に不満をこぼす人たち (complainers) に囲まれた the land of opportunity であるとと もに、the home of the free なのだ。

　これまでの liberty と freedom と choice をシンボルでとらえる 方法のひとつは、ムラとマチをイメージすることだと思う。ムラで は security（安全）と伝統という liberty が確保されているにもか かわらず、周囲の目（eyes）が耐えられず、freedom を求めてマ チへ飛び出す。すると、自由とは choice のことだと気づき、その choice が限られたり too much choice（目移り）することで、自 分の無力感（powerlessness）と孤独感（loneliness）を感じ、 ムラの liberty に郷愁を感じてムラへ U ターンする。ペンシルヴァニ

ア州のアーミッシュ（Amish）の人たちは、そのことを予期していたのか、迫害を避け、ムラに固執し、電気・自動車を用いず、質素な生活を今も続けている。キリスト教プロテスタントのメノー派であるから、頑固なムラ人たちだ。頑固なカトリック教団をムラとすると、中絶（abortion）は許されない。この Pro-life に対して、自由に中絶する権利を認めよという Pro-choice 派はマチ的な発想といえる。何気なく日本人が使う「自由」も、これだけシンボルに差があるのだ。

「さぁ……」はとっさにどう英訳す？

Who knows?
さぁ……（ご想像におまかせします）

　日本人の「さあ――」が英訳できない。
　こうこぼす人が、ネイティブの中にも多い。見えないのだ。
　What is saaaa? と私にたずねられても困る。It's like the air we breathe. だからだ。私なら Wish I knew. を勧めたい。これは God knows. ぐらいつき離した表現だ。頻度数からいえば Who knows? だろう。
　欧米人がしょっちゅう使っている Who knows? とシンボルが合ってくるからだ。「ひょっとしたら」という意味でも Who knows. という構文が用いられるから、初心者向けだ。有段者は悩まずに、両手を広げ肩をすくめる。言葉は要らない。「外人っぽいと言われませんか？」。Who knows? （さぁ……）

ネクラは「しか」で考え、ネアカは「も」で考える

　「知らない」を I don't know. と言ってしまえば、芸がない。大阪人が「知りまへんがな」と語気を強めていえば、Why should I know? と攻撃的になる。しかし、それを笑いで薄めるから、ケンカにならない。もっとオーソドックスな表現を用いれば、God knows.

とか Nobody knows. となろうが、まだ少し固い。

　やはり、Who knows? という得体の知れない、反語がお勧めだ。こんな広告ページがあり、その見事なコピーライティングに唸った。

　The glass is half empty.
　The glass is half full.
　Who cares?
「グラスには半分しか残っていない」
「グラスには半分も残っている」
「どっちでもよろしいやん」

half empty も half full も同じ。
Who cares?（知りまへんがな）でよい。

　この、大阪弁に訳してこそ味のある口語表現も、Who knows? と同じく、短いだけにコクがある。この三桁の斬れる英語はディベートを始める人にとって基本形なのである。半分しか、半分もという

解釈をめぐって議論するのがディベートであるから、「どっちやねん！」と議論そのものを不毛にしてしまうところが、大阪人好みのテーゼである。

それに対し、「どっちでもええやんか」とアンチテーゼで答えるのは、大阪流のケムの巻き方だ。相手が"It's fuzzy logic."といえば、このように突っ込める。

There's no such thing as 'half pregnant'.
（半分妊娠っていうのはないからね）

このように、白か黒かに塗りつぶそうと迫る相手に対しては、Who knows? が巧妙な逃げ手となる。関西、とりわけ大阪人は実にこれがうまい。久々に大阪人と飲んだところ、その男、こんなクダを巻いた。
「白を黒と言いくるめるのがうまいのが大阪人やて？」
「Who cares?（かめへんがな）。白を白、黒を黒というんやったら誰でもできますがな。白を黒というて、信じ込ますのが"芸"とちゃうか」

なるほど、これが大阪人だなと、30年間以上も東京でビジネスをしてきた私を感激させた。この大阪の、いやナニワ流のcreativeな発想が英会話に役立つのである。

映画『Other People's Money』（邦題『アザー・ピープルズ・マネー』）は、ユーモラスなユダヤ的（ナニワ的？）発想が楽しめる、ビジネスパーソン向きの映画である。

ダニー・デビートが演じる乗っ取り屋が、グレゴリー・クラーク

扮する企業防衛側の会長と、株主総会でディベートをする。会長が、"We care."（我々には思いやりがある）と、乗っ取り屋封じを呼びかけたが、論敵は"Who cares?"（誰が面倒を見てくれるのか。知りまへんがな）と語呂を合わせて反論し、結局乗っ取りを成功させてしまった。

相手をケムに巻く「知りまへんがな」が訳せるか

　私も、講演のときにこの手を使う。ある講演中、一人の思い詰めた青年から、こんな意外な質問を投げかけられた。
「ぼくは、宮本武蔵が一途に剣の道を歩んだように英語の道を歩きたいんです。そこで悩みの相談ですが、ちょっと言いにくいのですが、ぼくは人一倍、性欲が強いのですが……」
　その真面目すぎる青年の質問に、会場の中にはクスクス笑う人がいた。火種がついたと思った私は、とっさに「知りまへんがな」と大阪弁で返し、聴衆を爆笑させた。この場合の英語は、Who knows? でも Who cares? でもどちらでもよい。アメリカ人にも、ウケるはずだ。ユダヤ人にとっても大阪人にとっても、商売は笑売である。英会話もナニワ流がいちばん手強いはずだ。
「それでセンセは、儲けはったん？」
「さあ——。（Who knows?）」
　どう考えてもこの Who knows? は、図示しようとしてもドライアイスのごとく実体がない。God knows. くらいなら、水や氷が蒸発するようで湿り気がある。少なくとも神に対する畏れを持つ、God-fearing persons である確率は高い。しかし、Who knows? にい

たっては、無神教的で、湿り気が感じられないだけに、もっと無責任だといえる。

☕ Coffee break

京都の学者たちが集まって会議が開かれた。考古学者、民族学者、文化人類学者たちの会議であったから、ディベートの論題「縄文時代に酒があったか」も重い。確証もないし、突っ込みもがないから話が弾まない。そのとき一人の学者（たぶん大阪出身）が、
「酒なかったら、淋しいやん」とポッツリ一言。
　会場は爆笑の渦、司会も「じゃ、そういうことで……（笑）」と会議を打ち切った。They might've been lonlier without wine.
　これでは笑えない。笑いをとる英語は、Who cares?（どっちでもええやん）であろう。ここで笑いが一致する。しかし、こういう芸術的な同時通訳が評価を受けるかどうか？
　Who cares?
　もし、私がそのときの同時通訳者だったら？
　Who knows? そんな事態がいつ起こっても不思議でない。
　You never know.

Jealousyはenvyより遙かに暗い

I envy you. But I'm not jealous.
羨ましい。でも妬いてはいない

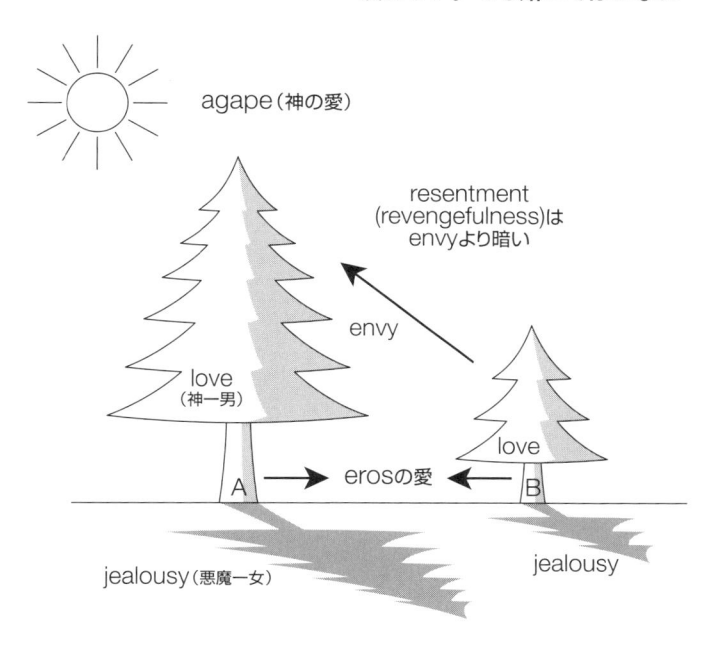

```
agape（神の愛）

resentment
(revengefulness)は
envyより暗い

envy

love
（神―男）              love

    A  → erosの愛 ←  B

jealousy（悪魔―女）           jealousy
```

　嫉妬——いやな響きを持つ言葉だ。しかも女偏が重なっている。中国では女性に対する偏見が強い。男は嫉妬しないのか？ 西洋の一神教国では、男の方が嫉妬深いようではないか。

　ユダヤ教の絶対神ヤアウエは嫉妬深い神として知られる。イスラエルの民を選民（chosen people）として認めたうえは、裏切るな

という誓約（covenant）を取り交わしている。これでは、愛はユダヤ人同士でしか存在しない。

「もっと広く隣人を愛さなければ」と喝破したのは、革命家としてのイエス・キリストであった。嫉妬深いユダヤ人はイエスが許せなかった。——そして今でも。

ユダヤ人は選民というエリート意識、イエス・キリストを殺害した裏切り者（Christ killer）という理由で嫌われた。もし、ヤアウエというjealous Godがいなければ、奇跡を起こし人気絶頂のスーパースターであるイエスを殺す必要はない。イエスはかっこいい、うらやましいな、という心情ならenvyでとどめられる。

日本人がよく使う「勝てなくて悔しい」というのはbe envious ofで、さほどネガティブにはならない。むしろ「うらやましい」「あの域にまで達したい」と同じ心情で、積極性が感じられ、ある意味ではほほえましい。

古代日本の言霊には、妬む、呪うという言葉は禁忌であった。深夜、丑三つ時に嫉妬に狂ったresentful person（根に持った人）が、神社の裏でわら人形にくぎを打って、憎い人間を呪い殺そうとする行為は、jealousyのそれである。人を呪わば穴二つというのに。私怨の（呪った）人は逆に呪い殺されることが多いから要注意、と山蔭神道の宮司は言う。

欧米では、男女関係がこじれると、白昼に復讐劇（jealousy rage）を演じるので、もっと恐ろしい。三角関係が生じるからだ。ユダヤ人は13歳になるとbar mitzvahという通過儀礼を迎えて成人になる。それまではゲームに勝てばよかった。しかし、このときからゲームが獲物（英語ではgame）に代わり、その戦利品が女に

なる。それまでゲームを楽しんでいた人間がライバルになり、闘うのである。これがjealousy triangleであり、日常生活で使われる三角関係（love triangle）もこのjealousy gameの変形となる。

　このjealousyとは英英辞典で調べてもわかるように、possessiveness（所有欲）という意味がある。こんな映画をどこかで見た。

　ある浮気っぽい女に男が言い寄る。そのときの女の英語が、"My husband is a little possessive (of me), you know."であった。このpossessiveをjealousかsuspicious（疑り深い）に替えても同じ意味だ。He's envious of us. とは言わない。

jealousyの影に潜む所有欲

　欧米人はjealousyを次のように使うことがある。
Chinese are jealous of the Ryukyu Islands.
　べつに嫉妬しているわけではない。ただ、手に入れようとし、虎視眈々と狙っているというわけだ。韓国も日本も竹島に対して同じくらいjealousyを感じているからややこしい。領土問題とはthe game of jealousyの別名である。

He envies her of her success.「彼は彼女の成功を羨む」
He's jealous of her success.「彼は彼女の成功を嫉妬する」
He resents her success.「彼は彼女の成功を妬んでいる」
He's resentful of her success.「彼は彼女をちょっとやっかんでいる」

「やっかむ」という心情は resentment、フランス語でいうルサンチマン（怨念）である。英語のできない人間ができる同僚をやっかみを越して、くやしがる心情も、この resentment である。

私は envious な人間はネアカと呼び、resentful な人間をネクラと呼ぶ。intelligent な人間は、IQ が高いがネクラが多く、おしなべて文法には強いが英会話に弱い。emotionally intelligent な人間は、いわゆる EQ 指数の高いネアカで、文法には弱いが英会話に強い。

国際コミュニケーターと呼ばれる人は、知性のみならず感性（emotional skills）の豊かな人に限られる。人は愛について語りたがるが、嫉妬について語ろうとはしない。光（light）を好む神（Lucifer）が love（神の愛が最も明るい）と同一視すれば、闇（darkness）を好む悪魔（Satan）は jealousy に味方する。事実タテマエで勝負する神より「ヒッヒッヒ」と小馬鹿にし、ホンネで迫る悪魔の方がパワフルなのだ。

女同士に仁義はあるか

ところで、私は岩下志麻主演の『極道の妻たち』シリーズのファンだった。「あれは男の世界だったはずだ」と思う。これまで目立たなかった女たちがお互いの jealousy を抑え、仁義（commitment）を貫こうとする。私にとって、志麻さんはかつての男のロマンの投影にすぎない。

love はその存在を証明することにより勝つが、jealousy は証明されることにより負ける。根に持っていること（resentfulness）が

発覚するからである。だからjealousyは、ひっそり心の中で抱くものである。よもや男たるもの(machohood)は、感情的なしこり(hard feelingやbitterness)を表して女々しいという印象を与えてはならない。

　いや、最近の女性は男々しくなってきた。小中学校では圧倒的に女の方が強い。女の嘘は、男には見抜けないから悪質だ、と先生方もこぼす。特に女が徒党を組むと犯罪的になり、男の先生も手が出ないようだ。そんなウーマン・パワーを、弱体化した日本を活性化するエネルギー源として利用しなければもったいない。

☕ Coffee break

「もったいない」という難訳語が世界語になろうとしている。それまで苦労をした。このシンボル・ビルディングの本は大いに役に立つが、検定試験のスコアアップにはつながらないからと、読まない人もいる。もったいない話だ。この「もったいない」をどう訳すか。

　ネイティブは首をかしげる。そして一言。

　Too bad. とか It's a shame.

　ええっ、これで済まされてしまうの？ いつの間にか、be worthy of (deserves) more attention というニュアンスは消えてしまう。

　悔しい (too bad) のだ。北海道では「痛ましい」と表現するらしいが、この擬人的な表現法は「もったいない」を It's a pity. に結びつけるキーワードになりそうだ。名古屋弁でいけば「コーヒーがかわいそうで」。

　時間がもったいない。次の質問に進もう。

　「コーヒーが冷めちゃったよ。もったいない（コーヒーが痛ましい）」

　Do justice to your coffee. 正解。しかし、まだ固い。コーヒーの身になって、こう訳そう。Too bad. Coffee's cold.

Conscienceは白人の心、
soulは黒人のそれ

Whites have money soul.
白人の魂ってマネーだね

　辞書で見るとconscienceは「良心」であるが、そのシンボルが日本人には見えない。哲学者Daniel Boorstinは、「古い世界を"純化"し、精神的にピュアな国家を建てるといった大義名分のもとに新大陸（アメリカ合衆国）が誕生したのだから、conscienceが原因である」と述べる『The Economist』（1993年9月11日号）。しかし、ヨーロッパ人は19世紀の初頭から、アメリカはcrass materialists（むきだしの唯物論者）の国だと見ていた。

　Calvin Coolidge（米国第30代大統領）は、"The chief business of the American people is business."と述べた。アメリカのビジネスの対岸にある宗教的価値観がconscienceであるなら、シンボル交換をして"ココロ"と置き換えることができる。idealismとか、New England conscienceとはどういう意味のココロだろうか。"the faculty within us decides on the moral quality of our thoughts, word, acts"のことであるが、moral qualityとは何か。どうも宗教くさい。

　しかし、さらに語源をたどると、ラテン語に至る。conとはwith, joint, togetherで、scientiaはknowledge（知識）である。つまり、知識を共有するということであるから、他者とも共有する「こ

うあるべきだ」(ought to) という価値観がある。そこには、宗教がない。アメリカは建国当時から宗教を必要としてきた。そして利用した。利用せざるを得なかった。彼らが過去に先住アメリカ人に押しつけた justice に対し後ろめたさを感じ、将来にも受け継がれる injustice を訴えられないかと怯えている。だから彼らの悪行は、憲法によって保護しなければならない。それが vested interest(既得権)という、占領者に有利な justice だ。何という良心なのだろう。良心まで法律の鎖に繋がれているとは。

アメリカの先住民は白人の詭弁で土地を奪われた

　ここに、宗教が入ってくる。「新教徒(プロテスタント)がアメリカの先住民の土地を安く買い取ることは間違っていないか」という質問に対しても、神を利用せざるを得なくなる。

"God granted the earth for me to subdue... The Indians made no use of it, but for hunting. Had it continued in their hands, it would have been of little value."
「神は大地球を制覇するために贈与された。ネイティブアメリカンたちは、狩猟のためにしか土地を利用しなかった。このまま彼らが土地を独占していたら、土地はほとんど価値のないものであったことだろう」

　考えてみればひどい話である。こういった白人の論理を苦々しく思い、The art of quibbling with God(神と言を左右する術)とこき下ろす人もいる。オーストラリアを流刑の地として掌中におさめるためにイギリスの植民地主義者たちが用いた発想もよく似ている。

あの巨大な国は、彼らが侵入するまでは terra nullius（無人地帯）だったというのだ。このラテン語の法律用語によれば、先住民たちはカンガルーやコアラと同じ価値でしかなかったということになる。Unbelievable!

アメリカ人は、大統領でも戦争をするときはバイブルを手に大量殺戮を聖戦として正当化しようとする。しかし、この divine conscience も国が世俗化するにつれ、いつの間にか public conscience になり、モノを追求するあまりココロはなおざりにされた。アメリカは暴力国家となり、conscience は死んだ。だが、奴隷としてアフリカから連行されてきた黒人たちは、白人にない「心」を、conscience というビッグワードを使わず soul と表現している。白人にも「心」はあるはずだと反論すると、ある黒人の婦人運転手は "Yeah, we call it 'money soul'."（そう、白人のやつらのソウルはマネーだね）と笑いながら答えた。

問題は、良心（conscience）とは何かということだが、「自分の中にある他人」と訳す人もいれば、私のように「devil's advocate within」（自分の中にある悪の弁護人）とリスキーな定義をする者もいる。

神鏡(ミラー)ディベートに開眼！

要するに、「自分を突き放してみる第三者」なのだ。

戦争は自由と正義のためとし、神を味方につけることから始まる。自己を正当化するために神を利用する。そのために、自分の腹の中に悪魔を演じさせよというのが、私の神道的な発想だ。神道の鏡

の思想とは、恥の思想だ。鏡に映った自分は必ず左右反対になっている——挙げた右手が、鏡の中の自分は左手に変わっている。自分こそが悪魔なのだ——。人が悪魔ではない。この心の塵（悪魔のこと？）を祓い清めれば、どんな人でも神々しくなるのだ。神道においては、人間も神様も同じだ。——失敗したっていいじゃないか。君も僕も神さんだもの——相田みつをならこんなセリフも吐きそうだ。

☕ Coffee break

テレビ、ニュースを聞いていてふと思った。

同じ日に二つのニュースが報道されていたのだ。自分の子供を殺した、鬼のような母親。「私の中に他人がいた」と。同じ殺人鬼の外国人が、日本人幼児を殺害したと自白したのち、こう述べた。「私の中の悪魔がそうさせた」と。

自分の中にいるのは、「他人」か「悪魔」か？

欧米人の The devil made me do it. の方が無責任な感じがするが、「ちょっと魔が差しただけ」という日本人の発言も、ちと甘すぎると思うのだが。

Comeは「見える」、Goは「消える」

May I come to your office?
オフィスへお邪魔してもいいでしょうか

　英語は一息に限るとは言い続けてきたが、60歳を超えてから、1秒英語が最もナチュラルであることに気づいた。
「あの話はどうなったか」はHow did it go?（ハウデゴウで1秒）、How's it going?（ハウゼッゴウイングで1秒）。後者は進行形。goは「結果～となる」のシンボル。その反対のcomeは「見えてくる」という意味だから、How's it coming? は同じ「あれはどうなったか」でも、その件の発展過程を聞いていることとなる。映画のセリフでよく耳にするgoやcomeは、ネイティブには自然に聞こえるが、日本人の耳には入りにくい。
「君は歌手になると言っていたが、その後どう？」
　You said you wanted to make a singer. How's it going?
「今までの所は順調よ」
　So far, so good.

「産まれる」はcomeでよい

「赤ちゃんが産まれる」はcomeだ。Where do I come from? は出身地を聞いているのではなく、「赤ちゃんはどこから産まれるの」

というきわどい質問なのだ。だから「生まれ変わる」も come back でよい。「人の先祖は猿だ」という場合、Men have descended from apes. となるが、Men come from apes. でもよい。FOX News のホストのビル・オライリーは、苦手なバーバラ・ウォルター女史との対決で、I don't want to come back as you.（君に生まれ変わりたくはないね）とイヤミなジョークを飛ばしていた。

「何かひらめいた」は、An idea came. または A flash came. または I came up with an idea. だ。すべて「見える」というシンボルだ。coming out とは、日本でもカミング・アウトと言うようになったが、これまで隠していた事実（ホモやレズビアン）を「お父さん、ボクはホモでした」と激白することだ。come out は外出ではない。見せることだ。come clean とは「ドロを吐く」「白状する」ことだ。

Goは「消える」「死んで化ける」のシンボル

では go に移る。come と go は仲がいいのだ。Come and go go together.

All the money goes to pay for the rent.
（すべてのお金は家賃で消える）

この go は「行く」ではなく「出る」、いや「消える」と考えた方がよい。My knees are going. も「ひざが弱くなってきてね」と訳せるが、そのシンボルは「消える」、つまり「戻ってこない」というシンボルなのだ。だから歓送会やサヨナラ・パーティは the goingaway party になる。

　Some say the British monarchy should go.
（英国の王室は廃止すべきだという人もいる）

　このgoはbe abolishedだ。「消える」というシンボルは変わらない。
　goが「消える」「止められない」と考えると、「許される」「通用する」というシンボルが見える。

　What he says goes.（彼の言いなりになる）
　The tough get going.（強いやつが許される）
　Anything goes.（無法地帯だ）

　あるアメリカ人に「go out into the worldはどういう意味だ？」ととぼけた質問をしたところ、「Leave.（消えろ）という意味だ」と即座に答えた。これを「英語で考えている」と私は呼ぶのである。
　パブロフの犬ではないが、goと聞いて「行く」とよもや思ってはならない。男女が寝室で「行く」といえば、comeでなくてはならない。もし誤ってgoと使えば、「消える」、つまり「死ぬ」となる。そもそも「行く」がcomeなのはゴール、いや、中心のゼロ（空）というべきであるorgasmに近づいていく、自己を見せるという意味なのだ。comeとは「見える」「迫ってくる」「生まれてくる」で、goとは「離れていく」「死ぬ」という意味だ。go quicklyは「早く行く」より「ポックリ死ぬ」という意味で使われることが多い。

```
         come
    ⤸
   ( 私 )
      ↙
    go
```

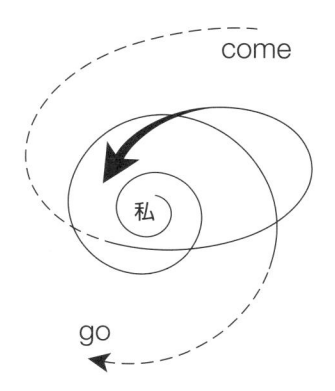

　goが「消える」(死ぬ)「元へ戻らない」と考えると、「〜に化ける」というシンボルに結びつく。Rock goes interactive.（ロックが対話的に変わる）とは、「聴衆と一体化するロック時代に変わった」というシンボルになる。go public（上場する）、go private（民営化する）、go international（国際化する）、go vertical（高層建築化する）、go metric（メートル法を採用する）、go big city（大都市化する）、go digital（デジタル化する）、go organic（有機農法化）、go e（electronic）（電子化する）。すべてgoは「化」、つまり「(もとの状態を去り)〜に変化する」というシンボルだ。ロックも、舞台の自分たちだけが楽しむ時代は終わったのである。

Audiences go onstage.
（どこの聴衆も舞台へ上がるようになった）

　この場合だけ、audienceも複数扱いになるので注意。みんながperformance artistになれば、スターが逆に舞台の裏方に下りる

（go backstage）ことになる。

come を使う前に主語を考えよう

　go が「消える」なら come は「見えてくる」である。もう一度いう。come は「来る」ではなく、そのシンボルは「（中心へ）見える」であって、go は「行く」ではなく「（中心から）消える」なのである。こういうイメージでとらえると、視界がサッと明るくなるではないか。

"You can't wait for companies to come to you. You've got to go to them."
（相手からお出ましを願うんじゃなく、こっちから参上しなきゃ）

「参ります」は相手という中心地に向かって、自らが姿を現すという意味だから、come to you となる。go to them は自分の中心地から消えて相手に接近することであるから、混同してはならない。「今行きます」は、したがって coming である。「帰ります」は going である。入札では going は「（今の入札金額で）消える」「落ちる」という意味である。

「松本先生、この授業形式はどこで思いつかれたのですか？」
"Mr. Matsumoto, how did you come up with this interactive lecture method?"
"Well, the idea came, while I was bathing at a hot spring at Gero."
「いやあ、下呂温泉につかっていて、パッとひらめいたんだよ」

ネコの眼のようにクルクル変わるのはcome and go

What goes around comes around in Japanese politics.

　日本の政治は昔も今も、そして未来も変わらない。消えたものは、一巡して（around）また見えてくる、という意味だ。aroundは便利な英語のヤマト言葉だ。近くにいる。「ぐるり」そして「近くにいる」というシンボルだ。She's been around.（いつもそばにいる）It's been around.（いまや常識だ）as long as I'm around（私の目の黒いうちは）など。

　ウォール街の格言であるWhat goes up must come down.（山高ければ谷深し）は、陽極まれば、陰に転ずという発想である。

　Employees come and go. といえば、「従業員の入れ替わりが激しい」。つまり「この会社はよく人が変わる」ということである。「彼女は男出入りがはげしい」はMen come and go around her. 同じシンボルだからわかるだろう。いかに単語力に自信がある人でも、シンボル・ミスを犯すとどんな訳をつけても間違いになる——翻訳、通訳にかかわらずだ。

　もし、シンボルをやらずにボキャビル路線を守ったら……。

"The situation will go from bad to worse."
（救いようがなくなるね）

"Mr. Matsumoto, your lecture will go down in history."

"Come now."
（お世辞を言うな、──底意が見えないぞ）

> ## ☕ *Coffee break*
>
> 　come と go のシンボルの話になると、聞いている人の目の色が変わる。私もますますのってくる（I get rolling. か I get on a roll.）。この roll のシンボルを追ってみよう。シンボルを追うヒマがあれば、ほかの単語の一つでも覚えた方がいいという人がほとんどだ。だから「そうじゃない。単語のシンボルを追った方が、結果的に使える単語や表現法の数が増えるのだ」と反論する。少数派の意見だから、より、熱が入る。だから、のれるのだ。I can get on a roll.
>
> 　roll を辞書で調べると、「転がる」「流れる」「巻く」とある。これでは次の『TIME』（2006年7月3日号）の見出しに出た英文のシンボルは見えない。
>
> 　Why Eton is on a roll?（なぜ今イートン校に熱い視線が？）
>
> 　つまり、イートン校はエリート校として、そしてイメージアップ（makeover）も効き始めており、ノリにノッている状況なのだ。
>
> 　ルンルン、もう止まらない──このシンボルが、on a roll。

Getは「られる」に化学変化する

I got a bad cold.
悪い風邪をうつされた

　日本人は give と get の表現法がよほど苦手と見える。give か get が映画で耳に入っても、活字から入っても思考がストップする。そこで get を「られる」「される」と置き換えてみる。『TIME』(2006年7月3日号) の目次にこんな無駄のない表現があった。

　The uniform is the same, but Eton wants to give its
　students a new outlook.
（制服は同じ、しかしイートン校は生徒たちが世間におやっと思
　わせたいのだ）

　これは私の芸術的訳だが、別に「イメージチェンジがなされるだろう」でもよい。give something a new outlook は「イメージチェンジをする」、give something a makeover は「イメージアップする」という意味だ。見出しにするなら、give を get に変えればよい。

　Eton gets a makeover.
（イートン校がイメージチェンジ）

「私は尊敬されても、愛されない」。こんなセリフを私自身がよく使う。ネイティブ相手には get を使う。I get a lot of respect, but I get no love. もちろん、love の代わりに attention を使って I get no attention.（みんなから無視される）でも通じる。要するに、「られる」を get に変えれば、斬れる（work）のだ。

うつされる（被害者意識）を捨て自己責任のgetで行こう

1997年1月11日号の『The Economist』には、こんな見出しがあった。

Killer gets death.「殺人者は死刑の宣告を受ける」

つまり、The killer gets a death sentence. ということだ。これにより、殺された人（the killed）は浮かばれるのである。この「浮かばれる」は、「（ら）れる」イコール get の法則を使えば get justice となる。

get justice は get justice done でも achieve justice でもよいが、justice のシンボルは「秤 (scale)」であり、左右のバランスがとれている状態を指すので、「正しく裁かれる」ことになるが、「浮かばれる」と同一視すると、いずれも get で決まることは間違いない。

I got disease.（病気をうつされた）
I got a bad haircut.（トラ刈りにされた。ヘンなように髪を刈られた）
I got the complete medical checkup.（人間ドックを受けた）

I got the depression.（うつ病に見舞われた）
What do you get when you fall in love? You'll get disappointed. You'll get depression. You'll lose your family. And that's what you get.（恋愛をしたらどうなる？失望し、ノイローゼになる。家庭は崩れる。それが関の山さ）

なる（become）も自己責任のルールではgetに変る

　You get what you pay for.
（安物買いの銭失い）

　このシンボルが見えるだろうか。少し間をおいて、話を進めたい。この中学生でも知っている単語を並べたセンテンスが見えないというのが、学校の英語教育の問題、いやボキャビル派の限界である。getは「得る」、giveは「与える」と覚えるようプログラムされてしまった学習者を脱洗脳（deprogramming）させるには、シンビルで言葉のシンボルをつかむ（get the symbol）ことだ。シンボルが見えないとあなたの英語は絶望的だ。私のまわりにはそんな人ばかりだ。それが現実というものだ（That's as real it gets.）。
　テレビ朝日の深夜番組（CNN Daywatch）で臨時ニュースキャスターをやっていた頃、ラリー・キングに衛星インタビューをしたことがある。いつものサスペンダーを身につけてリラックスしていたラリーが、What you see is (real) me.（これが私の本当の姿だ）と言った。私も彼の最初に発した言葉を受けて、What I see is what I get.（見かけ倒しじゃないでしょうね）と、同じようにくだけ

た英語を使った。その時からだろうか、彼が笑いながら Right. と答えたあと、リラックスし、ナチュラルなスピードの英語で語り始めたのは。

　get を使えばホンネが出るし、相手からホンネを引き出せるというのが、私の「斬れる英語（Strong English）」の実践哲学である。

Get は「見える」というシンボルでとらえる

　学校教育では「〜がある」は there is 〜で、複数の場合は there are 〜であるが、「あるもの」は「見える」、そして「見えるもの」は「正しい」、という私の西洋文明史観を加え、get と置き換えてみる。こうなれば、I see. が I understand.（見＝識）そして、そのシンボルが I get. になる。このように方程式で覚えていると、「言霊」という難解な日本的概念を英訳する場合でも、word spirit と平面的に訳すより、What you speak is what you get.（話された言葉が結果につながる）と立体的に訳した方が、英米人にはわかりやすい。speak を hear に変えても通じる。使った言葉どおりの結果が生まれるということだ。つまり what you get は「である」以外に「〜になってしまう」という意味に化学変化を起こすのである。「多美子」という名前の娘は、名が示すように、美が多い女性に育つという言霊信仰を説明するにも、What you see (hear) is what you get. という表現を用いれば、斬れる（work）はずだ。

　先ほどの恋愛についての談義をおさらいしよう。That's what you get（それが関の山さ）。「それが関の山」「とどのつまりそうな

る「自業自得」といったカラフルな日本語はいくらでもある。それらが That's what you get. でピタリ。そんな結果を招いたのは自分であるから、結果が「見え」「理解し」「あきらめられる」となる。であれば、「あきらめる」までが get に含まれてしまう。

　ここまで説明すると、You'll get what you pay for. のシンボルが見えてくるはずである。そう、自分が金を払った結果に対しては、自分が get し accept する。つまり「責任をとる」ことである。Get の中に「責任をとる」、take responsibility for 〜という意味が含まれている。ラテン語で言うなら caveat emptor（kéiviæt-Ém (p) tör 買い手危険負担）。つまり、売り手は商品の品質の責任は負わないという原則だ。ラテン語の原意を英語でいえば、Let the buyer beware.（買い手に気をつけさせよ）となる。この原則はユダヤ人が発明したものといわれているが、この根拠の一つが、商魂たくましいユダヤ人が好む次の5つの表現に含まれている。

① It's who you know.
　顔が利くか。
② You'll have it to fall back on.
　それでおまんまが食えるか。
③ How can you go wrong?
　損する理由なんか、ありゃしない。
④ It's an investment.
　損をしたと思うだろうが、それも投資なんだと思えばいい。
⑤ You get what you pay for.
　買ったあんたが悪い（安物買いの銭失い）。いい物は高くつく。

『Jewish As A Second Language』の著者であるMolly Katzは、パーティをこう定義する。Something non-Jews "have," "throw," "give," and Jews "make". パーティは開くものではなく、作るものというのがユダヤ人の発想だという。ユダヤ人がネットワーキングを好むのも、恩を売る（to be owed a favor）ことに快感を覚えるからだろう。だからパーティもnetworkingもa fine way to build a collection of favors receivableとなる。私自身の表現を使えば、パーティによるネットワーキングも、クモが餌を求めて作る巣のようなものだ。

　その作戦はOf course, they all address the same objective, the only one that matters to you now that you're Jewish: getting your way.

　（もちろん、口にする狙いはみな同じ。

　でも、あんたがユダヤ人であるかぎり、このポイントだけは外しちゃいけない。マイペースで行くことだ）

和製英語（マイペース）もgetで使える英語に

　ユダヤ人である限り、自分のペースを変えるなとは何という助言か。このget one's wayは日本人好みの「マイペース」に近いが、さらに忠実に訳せば自分に損なことは絶対しないということである。この本の著者自身がユダヤ人であるが、ユダヤ人はパーティをgiveせず、makeすると表現する。これはBig wordsに慣らされたわれわれの意表をつくものである。しかし、非ユダヤ人である自

動車王のヘンリー・フォードは、ユダヤ人をどう表現したか。

禁書となった『国際ユダヤ』の中で We make money. But they "get" money. と述べ、反ユダヤ主義者というレッテルを貼られ葬られてしまった。make には「努力」が加わるが、get には「自然にそうなる」とういニュアンスがある。したがって、努力せずに手に入れるというシンボルになる。その違いがわかっただろうか。get という言葉はそれほどパワフルな動詞なのである。「話の内容を抽象化し、中身を薄めようとしたら、Big words を使うことだ」——松本道弘の法則。

Keep asking him if he got an interview.
If he hasn't heard anything yet, he doesn't get the job.
Tell him he didn't try to get it correctly.
If he gets it, get full credit.
（入社面接が受けられたのかどうか。あの話はどうなったのかとしつこく聞け。まだ通知がないようだったら、就職の話は流れたことになる。そんな時、君のアプローチのしかたがまずかったからだよと言え。もし、通知があったら、「誰のお陰だね」と恩を着せてやれ）

外国語を学ぶならユダヤ人のhutzpa（フツパ）を学べ

最後の get（take でもよい）full credit とは、「オレのお陰だ」と手柄を独り占めせよ、ということだ。

これくらいの根性と図々しさがあれば、外国語のマスターなんてワ

ケはない。ユダヤ人はこの種の度胸をイディッシュ語でhutzpa（フツパ）と呼ぶ。Chutzpaとも綴る。平たくいえば、くそ度胸となる。ユダヤ人アルバート・アインシュタインは、前妻のMikevaと別れたかった。その時の条件が次のようなものであった。

If she agreed to give him a divorce, he would give her the money from the Nobel Prize he fully expected to win someday.『Time』(2006年7月24日号 P.43)

別れてくれたら、まだ手にしていないがいずれ手に入れるノーベル賞から慰謝料を払ってやるというから、これも「アインシュタイン流」のフツパである。くそ度胸のある人はgiveとgetの使い方が巧い。

英語をモノにするにはこのフツパが必要である。

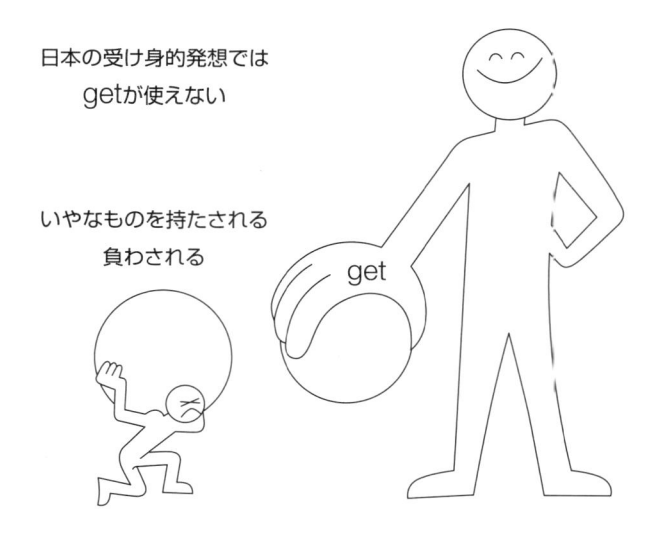

日本の受け身的発想では
getが使えない

いやなものを持たされる
負わされる

get

Accountabilityはとらされる責任

He was held accountable for the mistake he hasn't made.
　　　　彼はヌレぎぬを着せられた

　responsible は見えるが、accountable は見えないという人が多い。そんな人にアダムとイヴの話を持ち出してシンボルで教える。神はアダムに、「どうして禁断の木の実を食べたのか」と問いつめる。

　アダム：「イヴ㋔言ったからです」

　神：「ではイヴよ。誰㋔命じたのか」

　イヴ：「ヘビ㋔そそのかしたのです」

　神：「そうか、ヘビ㋔いちばん罪が重いのか。ヘビよ、お前は一生、地を這え。次に悪いのはイヴ。アダムをそそのかしたの㋔イヴだからだ」

　裁判長の神は、アダムの罪をいちばん軽くした。しかし、裁く手段は「が」である。この「が」は我であり、個である。罪も罰も、個に及ぶのである。この「が」が accountability。「は」の responsibility では見えないのだ。私「も」とか、私「は」責任があるといった、「が」のない発言では、裁けない。「が」の accountability はとらされる責任で、「は」とか「も」の responsibility は、とる責任のことだ。

　この責任の所在がはっきりしないのが、日本の社会。「風通しが悪い」とは lack of accountability and transparency の

ことだ。アリ社会とハチ社会の組織の違いだ。地下に群がるアリに accountability を求めても無駄だ。占領軍はネを上げた。Everyone loved peace. Why the hell did the war break out? とトンチンカンな怒りをぶつけた。

　ハチの組織ではトップが女王蜂となり、こう言う。

　The buck stops in front of my desk.
（私は最終責任から逃げない）

　ランダムハウス英和辞典によると、accountable は〈人が〉（人に）（行為などについて）責任がある、報告（説明、釈明）する義務があるという意味で、責任ではなく釈明義務と訳した方が誤解を受けにくい。つまり、responsibility と異なって、果たせば報酬が伴うからである。ということは、それを果たさなければ——たとえば CSR（corporate social responsibility）を怠れば、責任をとらされるということである。社会のニードに respond（対応）するすべての responsibility を怠れば、逃げられなくなってきた。
「すみません、私の監督不行き届きのために……」とか、「私の不徳の致すところで……」と詫びれば大目に見てくれるのが responsibility。しかし自己責任の accountability に至れば、処刑の対象になるということだ。

カタカナ英語に騙されるな

　今、企業のトップを悩ませているのが CSR だ。社会的責任感の

ないリーダーに対する風当たりが以前に増して強くなっている。社会的に責任のある経営者たち（socially responsible）は、株主を含む、従業員、顧客、仕入先などのstakeholders（ステークホルダーは邦訳せずにそのまま使える）に対してaccountability（結果責任）を負うのであるから、accountable bossesと呼ばれるのである。ある法律家はaccountabilityは「法的責任」と訳すべきだというが、一理ある。弁明、抗弁ができるかどうかという視点で見ればそうであろう。そこにはresponsibilityにはない、逃げられない厳しさがある。プロ化した株主（機関投資家も含め）から「もしこの会社が乗っ取られるようじゃやめてもらう」といった脅しにも耐えなければならない。

　そういう基準をcontestability（失敗でやめさせられるか）と呼び、株主のプロ化をprofessionalizationと呼ぶ。いずれも辞書にない新語で、そのままコンテスタビリティとかプロフェッショナリゼーションと使うことができる。

　「シェアホルダーじゃない。ステークホルダーなんだ、われわれが闘うのは。コーポレート・ガバナンスが問われる今、勝つか負けるかというのが経営者にとってのチャレンジだ。君たちは重役陣。いずれ、ぼくがプロフェッショナライズされた株主からコンプライアンスが甘いからという理由でツメ腹をきらされたあとは、アカウンタビリティを背負っていかなければならん」

　かなり横文字が並んだが、通じるカタカナ英語ばかりである。感心はしないだけだ。外資系コンサルタントは日本語でいえる概念でも、相手をケムに巻くために、わざとカタカナ英語を活発するので迷惑である。「見せ太刀」はTPOを考慮し、ほどほどにすべきだ。

stakeholdersとは、株主（shareholders）以外にemployees, customers, suppliersなどを含む、運命共同体のことである。さらに学のある人はドイツ語のゲマインシャフトというカッコいい言葉を使うが、Watch your language.（言葉には気をつけよ）。難しい言葉よりやさしい言葉で深い内容に迫る方が、斬れる場合だってある。ある人がWhat's corporate governance?といえば、Watching your boss.と相手の意表をついて答える。これで相手がPardon?と答えれば、相手が教養の闘いに敗北したことになる。

accountabilityは取らされる責任のこと

ところで、このresponsibilityとaccountabilityの違いを社員に説明するには骨が折れる。

「これは私の責任ではありません。あの人がやったんです」と、すぐに責任を回避し、人に責任を押しつけるのがうまいA社員。かっこよく「これは私の責任でやりました。すみません」と謝罪するのが好きなB社員。前者がaccountable型の部下で、後者がresponsible型の部下である。

彼らには、右のような図を書き、それぞれに説く。A社員には「君は「が」（我）で考えすぎる。accountabilityだけで世の中は渡れないよ。法的に逃げられても、道徳的に逃げられないことだってあるんだから」。B社員に対しては、こう忠告する。

「君は素直に謝っているが、責任がとれる立場にあるのかね。君の失敗は、社外的には会社の失敗、つまりは社長である私の失敗になるのだ。君の名は出ず、私の名が外に出て、私一人が恥をか

くことになる。accountability が与えられていない君に、責任があるなんて生意気なことを言うもんじゃない」

accountability は「とらされる責任」、responsibility は「とる責任」なのだ。

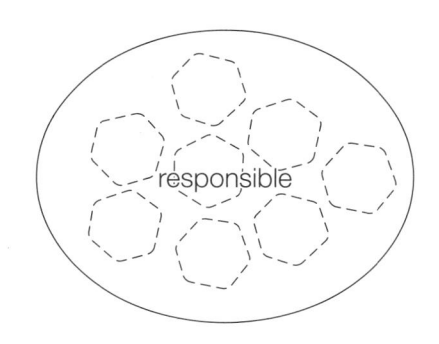

全体意識は強いが、自我意識が弱い

全体意識が弱く、自我意識が強い

アリの日本社会はresponsibilityで縛られたムラ社会

これでもまだわからない人のために、私はアリとハチの metaphor

を用いてシンボリックに説明する。欧米人にはその方が好まれるからだ。Ants（日本人）は、集団行動するが仲間の「義」を大切にする。虫の義が「蟻」となるからだ。フェロモンを通じてお互いに respond しあう、mutually responsible organization である。誰かに個人的責任（accountability）を押しつけることはできない。しかし、同じ社会性昆虫でも Bees（欧米人）は巣の中に六角形の個室を持っており、各々が accountability（自己責任）と privacy（アリの社会にはない概念。日本語がない）が与えられている。アリは連帯責任（shared responsibility）の社会だ。フェロモン（空気）と世間の眼という罪意識が「法律に代わって人を裁く。まさに日本アリの集団規律は軍隊アリのようである──。いや、であった。今は白アリ化している。このようにシンボルで話せば、世界中の人が理解してくれる。これを visual think（視覚的思考）と呼ぶ。

☕ *Coffee break*

　今日の話は難しかった。Responsible と accountable から離れよう。書き言葉はどうも疲れる。
　「自己責任だぞ」（Do it at your own risk.）は語り言葉だ。ほかに「You gotta be on your own.」「Any mistake? You pay for it.」などがある。「弁償する」が I'll pay for it. だからだ。責任が responsibility（これも respond のこと）か accountability かと思い煩う前に、お金をイメージすれば何でもない。悩んだら、できるだけ簡単な英語表現（英語の大和言葉）を用いることだ。
　I'm on my own.（私は一匹狼だ）。だから、「ながら族」にならざるを得ない。「ながら族」とは、今風にいえば multitasker。同時に多くの仕事をこなす（multitasking）。口語的にいえば、doing more than one thing at a time となる。

第1章・日本語にできない英語

「心」はmind, heart, soul, それとも？

Win their hearts and minds, and put your body and soul together.
　　　彼らの心に融け込め、そして身も心も正せ

　夏目漱石の『こころ』をネイティブの翻訳者は『KOKORO』としている。苦労の跡がうかがえる。正解なのだ。色紙に揮毫を求められても「心」と書けば無難。庭の池の形も心。政治家も必ず「心」を口にする。「心」を通じて話し合えば、絶対に喧嘩にならない。
「最近、心が失われてきました」（宗教家）
「いや、まだ心は残っていると思います」（ジャーナリスト）
「まあまあ……、ここでコマーシャル！」（TV司会者）
　一昔前に民放テレビで耳にした、他愛のないやりとりだ。つまり、心は定義ができないから議論は発展しない。
　読者に心組のメンバーのひとり一人を紹介してみたい。

心の分析　`mind`

マインド君：心組のマインドと申します。私はあなたのheadの中にあり、体中に指令を出しますから、あなたの参謀(ブレイン)になります。Everything is in your head. といいますが、headをmindに代えたって平気です。特にあなたの知的活動を司る前頭葉です。古代ギリシャ人は、私のことをlogosと呼びました。そう、三段

論法が私の先祖です。知的想像力がなければあなたの仲間を動かすことはできません。IQ（知能指数）を伸ばしたり、推理能力を高めてあげるのが私の仕事です。今はインターネットの時代で、だからこそ「心の触れ合い」も a meeting of (the) minds を求めなければなりません。この相互不信（mutual mistrust）の時代、mind game で負けるわけにはいきません。

　私はあなたの右腕にも左腕にもなります。右腕はあなたの石の心で、物事をクールに分析し、戦略を担当します。左腕はあなたの風の心で、石を操り、現実に即した戦術を担当します。I'm your mind. I'll help you get to the heart of a matter. And I'll make Sherlock Holmes of you.（私はあなたのマインド。物事の心、核心を導きます。そしてあなたをシャーロック・ホームズに仕立てます）。

　mind は、英語をモノにしようとする人にとって不可欠な「念」にもなるのです。念を psychokinesis（念力）と訳してもピンときません。欧米人好みの mind over matter でピッタリです。mind があれば、英語がスポーツであれ、武道であれ、必ず勝ち続けることになるでしょう。

　でも、ホームズのような探偵は人間の心も知らなければなりません。heart さんにぜひ会ってやってください。あなたの心の参謀としてきっとお役に立ちますよ。

heart

ハートさん：私はあなたの heart よ。女の部分。いくらあなたが logic を束ねて正当化したって無理よ。世の中の半数が女性です

もの。その女性の気持ちを分かってあげるのが私よ。私はあなたの「女心」。そして、こんなことを言っていいかしら、「嫉妬深い愛人」（Your jealous mistress）よ。"Have me around or I'll have a change of heart."（おそばに置いて。でないと心変わりしちゃうわ）。心はコロコロ変わるものよ。だからココロ。女は胸で感じる（Women think from heart）というでしょう？ 古代ギリシャ人は私を pathos と名付けたわ。いくら mind がシャープな人だって、これがなければ人は動かせません。今流行の EQ（心の知能指数）も heart のことよ。

　実は、あなたの heart の中にも二人の仲間がいるわ。一人は火のように熱く燃えあがる「私」の部分。もう一人は水のように冷たく流れる「公」の部分。このバランスが崩れるとホルモンのバランスを崩し、あなたはきっと情緒が不安定になるわ。ego が火のように強く、自分のことばかり考えていたら、片思いをしたり、ストーカーになって相手に迷惑をかけてしまうリスクがあるわ。Mind より heart の方が扱い方が困難なの。Let's have a heart-to-heart talk.（本音で語り合いましょう）と言われて骨抜きにされないようにね。

　器のある人物は、big hearted men と呼ばれるわ。big heart は「太っ腹」、big stomach とは言わないの。私はそれほどあなたの心に近い cardiac（心臓的）な存在よ。だから英語では to win the hearts and minds of ～ というように heart を mind より先に置くでしょう？ 男の参謀もいいけれど、女の参謀も要るってことを忘れないで。火と水、本音と建て前のバランスをとってあげるのが私のお仕事なの。

もしあなたが男の社会、そしてコンピュータの社会で mind に走りすぎると、heart に愛想を尽かされるわ。to lose heart は「ガックリする」という意味でしょう？ Heart を失うと人間でいちばん大切な魂を失うことになるのよ（If you lose heart, you'll lose your soul.）。だから私は、あなたに soul（魂）を紹介してあげる――あなたの奥さんになる人よ。

soul

ソウル：はじめまして。私はあなたと一生をともにする妻よ。そう、空気のような存在。だからあなたには見えないの。でも私はあなたのことをよく見守っていたわ。英語で body and soul って言うでしょう？ あなたの肉体の中には、確かに heart が宿っているけど、でも heart が心臓だとしたら soul は内臓のすべてよ。そして、あなたが生きている間あなたから離れられない妻よ。いくら愛人を作ったって、戸籍には入れてあげない。あなたは愛人を心の妻だって言っていたわね。冗談じゃない。私こそ心の妻、つまり soul なのよ。私を捨てれば、あなたは soul-less、つまり人間としてクズになる。私をあなたに紹介してくれた heart も、私があなたの中心であることをわかっているから私に勝てないのだわ。

　私はあなたの体というハードウエアを動かす司令塔のソフトウエアよ。あなたの脳の旧皮質 feeling brain）と新皮質（thinking brain）の両岸を行き来する脳梁（connecting brain）であり、間脳であり、あるいはこれらをコントロールする脳幹（brain-stem）だから、すべてお見通しよ。男と女の両面を兼ね備えているから、

雌雄同体（androgynous）ともいえるぞ。……おっと、急に男性言語に変わっただろう？ あんたの心の中に男の mind の部分もあれば、女の heart の部分もある。それだけではない。両者に共通する雌雄同体〔アンドロジナス〕の部分もあるのだ。

　知と情をクロスさせれば交叉する点ができる。それが soul だ。オレはあんたの soul wife であるだけじゃない。soul parents（心の両親）なのだ。なぜアメリカの黒人が soul にこだわるのかわかるかい？ 相手を動かすのは丹田から発する音声、音量、リズム、響きからくるトータルな心の動きなのだ。

　そこで今、思い出したが、どうしてもあんたに会ってもらいたい「心」がいる。オレが逆立ちしても勝てない崇高な存在、あんたを守っている心組のメンバーでも最も霊的な心である spirit だ。

spirit

スピリット：私はお前の心の中にある。spirit であり、自然の権化である。これから話す声は自然の声だと考えてよい。お前の心、つまり mind, heart, soul を管理しているが、彼らはお前の肉体の死とともに消える。だが、私はお前の死後もつき合う。お前の先祖代々の遺伝子を預かっている DNA のような存在だぞ。永遠の生命〔イノチ〕なのだ。イノチは life と death のいずれでもない。それらを含む、いや超越した自然の恵みである。西洋では Thanksgiving といって神に感謝するが、spirit は特定の存在に拘泥するものではないから、感謝してもらおうとは思っていない。「ありがたい」「もったいない」と自然や環境に対する思いやりがあればいい

のだ。

　私は言霊で動く存在である。心なしの言語（soul-less language）では共振せず、私の心(スピリット)を動かすことはできないのだ。人、つまりお前の意向（spirit）が私のspiritに言霊で働きかけ、それに共振し、私の波動を受けてお前を動かす行為をウケヒ（宇気比）という。祈(うけ)う（誓う）spiritはお前の心の中を自由自在に出入りする、空気、気、そして息のような存在である。spiritはお前を動かすエンジンであり、死を恐れさせないのもspiritだ。あらゆる生物は種を守るために死を恐れないものだ。生より大切なもの——種族を死守する気概。それをミチという。それが特定の行為に結びつくと道となる。道はsoulとして人に宿り、ミチ（身霊）を守る。魂（soul）の救済を目的とする宗教はsoulを扱うが、精神主義(スピリチュアリズム)はspiritを扱うのでさらに深遠。私から見れば、お前はa puppet on a string（操り人形）にすぎない。人は人形（body）で、糸が心（spirit）だ。Bodyとspiritが琴線の触れ合いをすれば、死を恐れなくなる。そして生をも恐れなくなる。

　いいか。spiritから見ればlifeもdeathも表裏一体なのだ。生よりも大切なもの——すなわちミチ——を求めるには、常にinspireされなければならない。だから私はお前の心なのだ。I'm your spirit, whose job is to inspire you into putting you above the fear of death.（私はお前の心。死の恐怖を超越させるよう活を入れる〈息を吹き込むこと〉が私の仕事だ）。

　ここまでくると、私には恐れるものなど何もないと思うだろう。そうではない。私が最も恐れるのは、霊長類の首位の座を占める人間だ。それも、人間の嫉妬である。脳幹は、fight or flight

（闘うか逃げるか）という心がある。だが、旧皮質は emotional brain と呼ばれ、そこに情が入ってくる。意識する相手に憧れ、追いつき、追い越そうと努力し、負けたら「くやしーい」と感じ、再び奮起する elan（生気）がある。ところが thinking brain というべき新皮質が「個」を意識し始めるので、jealousy といった邪心を生むことになる。Jealousy は、そのネガティブな所有欲のために仲間を殺すのである。彼らは、見えるものしか信じない mind という武器を持っている。

　私が最も恐れるのは、人間の持つ mind だ。mind は spirit を見えないものと小馬鹿にし、非科学的なもの、分析できないものを無意味とし、便利なテクノロジーという武器（コンピュータもその一つ）でお互いが殺し合い、自然を破壊しようとする。しかし、spirit は mind を排除するわけにはいかないのだ。だから mind をお前に紹介しなければならない。しかし、気をつけなよ。平然と仲間を裏切る mind を。悪魔に魂を売りかねないからな。Your mind might sell out your soul to the devil. それを知ったうえで紹介するのだから……。

● ● ●

　以上、mind, heart, soul, spirit に identity を与えてドラマ風に書いてみたが、このシンボルでもまだしっくりこない（not comfortable）のは、spirit は必ずしも天に昇るばかりではないからだ。天に昇る進化があれば、地や海に戻る進化もあろう。しかし、evolution か devolution という二者択一的な発想そのものが、ギ

リシャ的すぎる。Spiritは前後左右に変化するのである。むしろ、原生動物の遺伝子にまでさかのぼるDNAこそが、生命(いのち)という生死を超越したスピリットではないか。とすれば、こんなシンボルが描けるのだ。

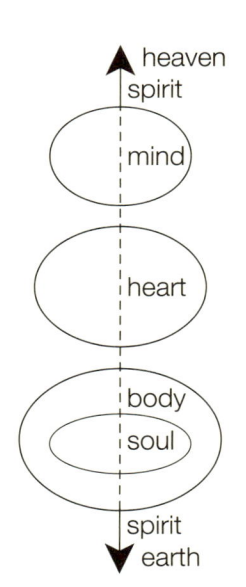

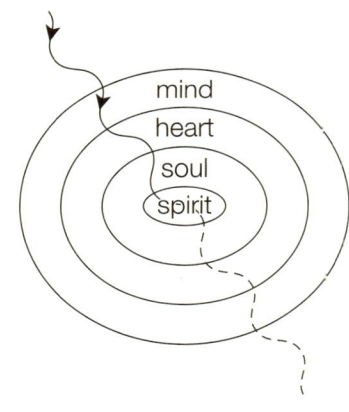

脳の進化と、心の自然との関係。
生死を超越するspiritは進化の過程でもある

soulが「腹」にあたり、bodyを裏切らない
人体の中で最も中核的な存在で、spiritと交流がある。
spiritは自然(天と地)と交流がある。

第1章・日本語にできない英語

Needは「今すぐ」が隠されている

We need to talk.
重大な話なの、聴いて

よく映画で耳にする need のシンボルが見えるだろうか。

I need you a favor.
I need to talk with you.
I need a doctor.

こんな英語を耳にすると、どこかに「焦り」を感じる。「今すぐ」そして「重要な」というメッセージが含まれている。時間が大切。そしてタイミングが肝腎だ。

それに対し、want はどうか。

I want it.
I want her.
I want a doctor.

これらは、今すぐでなくてもいい、近くにいてほしい。

I don't want a woman.（女は要らん）

I want a nurse around.（看護師がいつもそばにいてくれたらよい）

　一人旅が続くと、ふとこんな英語のセリフが口から出る。Need ではないから、今すぐにというのではない。Want は距離感が問題なのだ。
　もっとシンボルを説明しよう。need は時間を縮め、want は距離を縮めることだ。大学ディベーターは urgent necessity とか urgent（compelling）need とか、難解な言葉を使うのだが、ESS メンバー同士が理解し合っても、外国人の子供に通じないことが多い。ディベート用語でいう significance とは、英語の大和言葉では表せば次のようになる。
　　We need it.（今すぐ必要なんだ）
　　We want it.（ここで必要なんだ）
　つまり、そこには必ずしも「愛情」の介在を前提としない。it を a baby-sitter と置き換えてもいいわけだ。誰でもいい、今すぐ、そばにいてほしいのだ。

愛は妬まず、と聖書ではいうが……

　このシンボルをつかめたら、次は love に移ろう。

　I love steak.
　I love her.
　I love the way she talks.

このシンボルは、時間、距離とは関係なく、一方的に気に入っているという意味だ。「愛している」と辞書どおりに訳すと、解釈がずれてしまう。つまり、loveがたとえ愛の告白であっても、別に「今すぐ」「そばに」いてほしいということではない。

　これをひっくるめると、I want you, I need you and I love you. と長ったらしくなる。余談ながら難訳語の「仁」をシンボル化すると、love + self-sacrificing sprit といえよう。〈身を殺して仁をなす〉という東洋思想は、愛という執着を嫌う。そこに、凡情といった愛をつき離す自己犠牲的な美学が息吹いている。

　言葉の定義にうるさいのがディベーターである。「ぼかす」ことが好きな平均的日本人がディベートを敬遠したくなる気持ちは、よーくわかる。そんな人に、こうコメントする。

You don't love debate. Fine.
You don't want debate. Fine.
But you need debate. Period.

☕ Coffee break

　テレビ映画のシリーズ「Law & Order」が楽しい。かなり標準（おすすめ）英語が聞ける法廷ドラマだ。ある場面で黒人女性が I seen what I seen. という黒人英語、ebonics (ebony + phonics) を使っていた。しかし、黒人英語のプライドは、アフリカ英語から奴隷船でアメリカへしょっぴかれてきた黒人たちの怨念がどこかに残っている。無理やり英語を使えといわれても、ガンとして口を割らない。

　英語を学ぶとは、よほど屈辱的であったに違いない。がんとして英語を学ぼうとしなかった、アフリカの黒人奴隷が最初に使った英語が Give us free. であった。精一杯の英語だから、それだけに迫力がある。文法的にいえば free は freedom であるが、これでは迫力に欠ける。あるペーパーバックの小見出しに Give us free があったが、この方が遙かに生々しいのだ。Worse より badder、one more time より one mo time. You haven't seen anything yet（まだあなたは何も見ていない）は黒人英語に直すと次のようになる。

　You ain't seen nothin' yet.（これからがおもろいで！）

　外国からの友人はすぐに浅草に連れて行く。特に相手がアメリカ人なら、別に「Chicago」というミュージカルを観ていなくても、You ain't seen nothing yet.（浅草を見いひんうちは）日本を見たと言うな。エボニックスを使うと、必ず爆笑する。We speak the same language.

　呼吸（リズム）が合うとは、使う言葉がヤマト言葉に近づいた証拠だ。どの英語の検定試験にも、絶対出題されない英語だ。こんなネイティブ表現は、有段者に限られる。検定試験のスコアを競っている英語難民たちには、勧められない。

第2章

英語にできない日本語

「おもしろい」がinterestingでは
おもしろくない

It really turned me on.
とってもおもしろかった

　アメリカ大使館で同時通訳修業中のある日のことである。

　日本人の記者団に対し、大使館側がブリーフィングを行い、私が逐次通訳を頼まれた。一字一句を正確に訳さなくてはならない逐次通訳は、記録に残されることもあり、ある意味で同時通訳よりもはるかに厳しい。

　公使による背景説明（briefing）が終わった直後、日本の記者団を代表して、ある新聞記者が代表質問をした。

「今日は、ブリーフィングがあるということで誘いを受けてきたが、おもしろい話があるわけではなく……」

　失笑が聞こえた。私はその「おもしろい」という形容詞にこだわった。いや、こだわりすぎたのかもしれない。

　I thought there'd be something newsworthy.

と、「おもしろい」を newsworthy「ニュース価値のある」と訳してしまったのである。「おもしろい」といえば、interesting 以外に amusing, entertaining, charming, funny, a lot of fun, exciting と、状況により大きく変わる難訳語の一つである。「おもし

ろい話」といえば、hot tips of information に近いが、それは、株屋がソースは明らかにできないが儲かるに違いない玉（ぎょく）（株の銘柄のこと）を顧客に教えるようなとっておきの情報であって、裏付けのある特ダネ（hot story）を求める一流新聞記者の求めているものではない。

「おもしろい」にまつわるおもしろくない体験

「おもしろい」を newsworthy と訳したのは、私の咄嗟の機転であった。その訳が問題となった。記者が属する新聞社から、USIS（広報局）の上司に電話が入った。あの通訳者はけしからん訳をしたというのである。なまじ英語のできる人は、通訳者にすぐ難癖をつけるので警戒する必要があるが、アメリカ大使館にクレームがついたときは、私のクビにつながるのだから、図太い私も顔色を失った。

　私の上司は、録音テープを何度も聞き直し、「確かに、〈おもしろい〉が newsworthy と訳されている。新聞記者がその個所の訳が気にくわないと怒っているらしい」と忠告してくれた。

　私の訳が間違っていると、とがめられたわけではない。ただ、「アメリカ大使館にとってその新聞社はいちばん怖いところだから気をつけろ」といわれたことだけは覚えている。今、振り返ってみて、その記者は「おもしろい」を私がどう訳せば納得してくれただろうか。

　もし、interesting news（interesting でないニュースは、ニュースではない）であれば、彼はうなずいてくれただろうか。それでは私のプロとしての意地（professional integrity）を捨てたことにな

る。通訳が厳しい仕事であるというのは、常にこの種の矛盾に悩まされるからである。こんな話をすれば、「Umm, interesting.（むむ、考えさせられる）」と欧米人は目を輝かせる。しかし、職人気質（artisan's spirit）が許さない。newsworthy news という使い方が間違っているのだろうか。

ニュース価値のない（おもしろくない）ニュースもある

　アメリカでベストセラーになった Gerry Spence の『How To Argue And Win Every Time』の中に、こんな個所があった。

During the trial, one newspaper sent its reporter around every morning, not to interview Mr. Marcos, not to gather any newsworthy news, and simply to take a picture of shoes Mrs. Marcos was wearing. (P.96)
（公判中、ある新聞社は毎朝、記者を送ったが、マルコス氏をインタビューさせるわけではなく、またおもしろい記事を取材させるわけでもなく、ただマルコス夫人が履いていた靴の写真を撮らせるだけだったという）

　—— newsworthy news.
四半世紀も前、私が通訳した英語は間違っていなかった。私も執念深いところがある。

　余談はさておき、ある日、同時通訳者のブースの中で、私の同

時通訳の師である西山千氏の日英訳を聞いていた。

「日本という国は、古い伝統を捨てずに新しい思想や技術を外国から取り入れることのできた非常におもしろい国です……」

師は、この「おもしろい」をどう訳されるか、息を殺して聞いていた。

Japan is a unique country, because...

惚れ惚れする英語だ。

あとで、「さすが先生ですね。〈おもしろい〉をuniqueと訳されるなんて……。普通の日本人通訳なら、interesting countryと訳すでしょうね」と賛美したところ、「……ああ、そう訳しましたか。別にinterestingでも悪くないですね……」と涼やかに答えられた。

しかし、uniqueとinterestingの違いは歴然としている。uniqueはone and onlyである。「比類のない」という意味で、イヤホンを耳にしているネイティブには、"見える"表現なのである。ところが、interestingは見えないのだ。日本という「察し」の文化では「おもしろい」は常にinterestingで、「心はハート」で「問題はプロブレム」とカタカナ英語で棒暗記しているので、英語のシンボルが見えないままだ。

確かに、interestingのcore meaningは「おもしろい」である。だからボキャビル派はinterestingイコール「おもしろい」でおしまいで、それ以上深くシンボルを学ぼうとしない。広く浅く、英単語をhuntする。しかしシンビル派は、その言葉のエネルギーを見

るsymbol hunterである。私は言葉の裏（意味論）に気を配るimage hunterである。

　囲炉裏のまわりに集まった人に、長老格が話をする。そして、囲炉裏の火が人々の白い面（おもて）に映る。「面が白い」が「面白い」の原点であった。だから、白い（明るい）面（フェイス）の人を集めるには

1. entertainingか（テレビのワイドショー番組のような）──「ビューティ・コロシアム」？
2. educationalか（edutainingという言葉が生まれた背景には、教育的効果がある）──細木数子？
3. informativeか（hot tipsも「儲かる話」か「とっておきの話」）──ヒルズ族やみのもんた？
4. funny/amusingか（笑わせる名人）──明石家さんま、タモリ？
5. excitingか（ワクワク、ドキドキさせる）──サッカー・ワールドカップ？

「おもしろい」を動詞を使って訳してみよう

　話の内容はどのように言葉がイメージされるかにより、大きく変わってくる。だが、最大公約数は何といってもinterestingである。「今年はおもしろい年になる」といえば、This is going to be a very interesting year.となる。誤訳のリスクを最低限に抑えなければならない通訳、翻訳者のプロともなれば、interestingという

訳が無難であろう。しかし、自分の意思表示がある人は、自分が何を伝えたいかというmessageを考え、全体的な訳を選ぶべきである——たとえそれが動詞形であっても、「おもしろかったかい」はWas it hot? Did it turn you on? Was it fun?「おもしろくなかったね」はIt was a turn-off.かI was turned off.かI was bored to tears.シンビル派は、必死に英単語を増やそうとはしない。しかし、英語体験を広げる努力を怠らない。だから無意識のうちに、使える語彙がネズミ算的に増えていくのだ。

Perspectiveで考える欧米人の傲り

Let's put this into perspective, shall we?
大局的に（順序立てて）考えてみませんか？

　通訳、翻訳者を悩ませる難訳語の一つに、perspectiveという斬れるディベート用語がある。

　You need (to get) perspective.
（君は物事をもっと立体的に〈正しく〉見るべきだ）
　Let's put the discussion into perspective.
（話を元に戻して、順序立てて話し合おう）
　I will put this on a cross-cultural perspective.
（比較文化論的に考えてみたい）
　I owe you a lot. Because your teachings have given me a whole new perspective on my life.
（君には大いに借りがある。君に教わったおかげで僕の人生観はころりと変わったのだから）
　From a white-male perspective, Eminem is a role model for all rappers.
（白人男性の立場から見れば、エミネムはすべてのラップ歌手の鑑だ）

さて、これらの聞き手にcritical choice（決定的選択）を迫る交渉英語表現から、perspectiveのシンボルが読者の網膜にはっきりと映るだろうか。英和辞書からは、考え方、つり合いのとれた見方、遠近（画）法、遠景の見通し、などなるほどと思える訳が学べる。だが、そのシンボルは見えない。だから使えないのだ。get perspectiveと言われて、「さてあの英和辞書のどの訳に当たるかな」なんて悠長に考えている間は、英語が読めない、聞き取れない。英語を学ぶとは、アリ（ants）のようにコツコツ学ぶのではなくハチ（bees）になることだという本当の理由は、このperspectiveにある。蜂の眼は複眼で遠くが見える。スピードをとらえ、色彩が判断できるのだ。ハチのように地上から飛び上がると思考も立体化することになる。つまりperspective（正しい見方）とは、ハチや鳥のように高いところから、複眼で、しかも目標を定めて見ることだ。下の遠近画を見ていただこう。

イタリア・ミラノ: サンタ・マリア・デッレ・グラッツィエ聖堂

あらゆる直線は一つの消滅点（vanishing point）に向かって収れんされる。消滅点をゴールにすることにより、戦略思考が決定される。visual rays（視角光線）として用いられる直線（orthogonals）は、戦術に過ぎない。宣教の意図（魂の救済、改宗などを含め）を持つ宗教画は、すべて鑑賞者の目の高さのhorizon line（水平線）の中央に惹きつけられる。『最後の晩餐』の絵などでも、このartificial（linear）perspectiveという画法が見事に使われている。

この直線的遠近法は、15世紀の初頭にフローレンスの建築家アルベルチ（Leon Battista Alberti, 1402-1472）によって幾何学的に体系づけられたとされているが、単なる宗教的画法（父なる神、イエス、聖書の三位一体（トリニティー）を描く宗教画にもperspectiveがよく用いられる）にとどまらなかった。大いなる戦略的拡大思考や創造性開発を促し、宗教改革、産業革命、いずれは資本主義、植民地主義をも懐妊させることになるのだ。ここからは私の説だが、このperspectiveは古代ギリシャの三段論法をさらに立体化させ、ディベートを促し、あらゆる地域、文化に文明の花を咲かせたと見る。ルネッサンス時期とは、議論を百花繚乱させる乱世にほかならない。

だから、このperspectiveを利用したoptical illusion（眼の錯覚）も、資本主義のあだ花として咲き乱れたのである。このoptical illusionは正論に対する詭弁である。三段論法（syllogism）がdebateなら、perspectiveはnegotiation（交渉）だ。

ABCと同じサイズの人間がたてに並んでも、いちばん上のCが最も背丈が高く見えるのもこのperspectiveにより視界が狂わされるからだ。人は簡単に宗教家にインプリントされ、mindset（思い込み）を与えられると、マインドコントロール（洗脳）が終了する。この幻覚を消費者に向けることが詐欺（con game）の戦術（a tactic）なのである。

戦術に勝って、戦略で負ける日本民族

　このように、相手を惑わすための戦略（strategy）にperspectiveがよく用いられる。マルチ商法や宗教絡みの悪徳商法にもperspectiveが用いられる。相手を煙に巻く詭弁、詐欺などは自由競争の社会ではなくならない。日本がロシアを破ったとき、アメリカは直ちに日本を仮想敵視し、日本叩きのための長期的戦略を立てた。それがオレンジ計画。その見事なperspectiveは戦後まで見破られなかった。真珠湾攻撃は戦術上の勝利（tactical success）。しかし、戦略上のミス（strategic error）だというのが常識だ。

ソクラテスは死ぬ

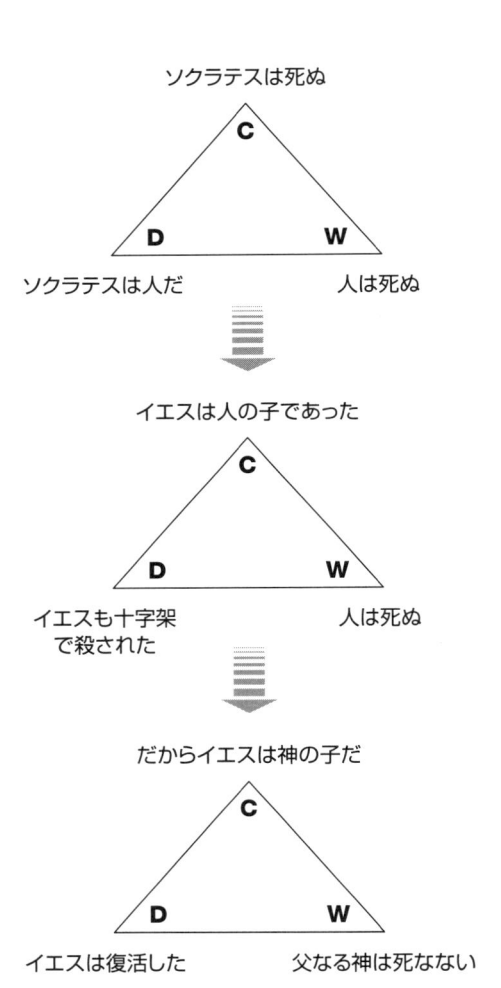

```
        C
      /   \
     D     W
```

ソクラテスは人だ　　　　　　　　人は死ぬ

⬇

イエスは人の子であった

```
        C
      /   \
     D     W
```

イエスも十字架　　　　　　　　人は死ぬ
で殺された

⬇

だからイエスは神の子だ

```
        C
      /   \
     D     W
```

イエスは復活した　　　　　父なる神は死なない

郵便はがき

料金受取人払郵便

荻窪局承認

8237

差出有効期限
平成21年9月
20日まで
（切手不要）

1 6 7 - 8 7 9 0

1 8 5

東京都杉並区西荻南2-20-9
たちばな出版ビル

株式会社 **たちばな出版**

『ネイティブに負けない「英語力」』係行

(フリガナ)	
おなまえ	
おところ	(〒　　-　　)　　電話　　(　　)
	eメールアドレス(　　　　　　　　　　　　　　　　　)

通信販売も致しております。挟み込みのミニリーフをご覧下さい。
電話 03-5941-2611（平日10時～18時）
【ホームページ】http://www.tachibana-inc.co.jp/からも購入いただけます。

| 性別 | 1.男 2.女 | 職業 | | 年齢 | |

ご購入書名　　　ネイティブに負けない「英語力」

お買上げ書店名　　　　　　　市／町　　　　　　書店

□書店に、たちばな出版のコーナーが　　　　あった　　なかった
□本書をどのようにしてお知りになりましたか？
　A.書店で　　　　　　B.広告で(新聞名　　　　　　　　　)
　C.書評で(新聞雑誌名　　　　　　　　) D.当社目録で
　E.ダイレクトメールで　F.その他(　　　　　　　　　　　)

本書を読んだ感想、今関心をお持ちの事などお書き下さい。

本書購入の決め手となったのは何でしょうか？
①内容　②著者　③カバーデザイン　④タイトル　⑤その他

今後希望されるタイトル、本の内容、またはあなたの企画をお書き下さい。

最近お読みになった本で、特によかったと思われるものがありましたら、
その本のタイトルや著者名をお教え下さい。

当社出版物の企画の参考とさせていただくとともに、新刊等のご案内に利用させていただきます。また、ご感想はお名前を伏せた上で当社ホームページや書籍案内に掲載させて頂く場合がございます。

　　　　　　　　　　ご協力ありがとうございました。

☕ *Coffee break*

　今日の講義——perspective について——、理解できたかい。
「さあ、あんまり……」
「ぼくの説明がまずかったとでも？」
「いいえ、論理的に、うまくまとめていただきました」
「筋が通っていた。perspective を使って話をした。それなのに君ら二人にはまだわからないって、どういうこと？」
「なぜわからないか、わからないのです。たぶん、先生の話があまりに論理的だったからでしょう」
「それを言うなら『間がなかった』と言いたまえ。ロジカルに話をしてわからないはずがない。いや、待てよ。考えてみるとロジックには『間』がないな」
「ああ、そうだ、先生。ロジックは『間』を窒息させてしまうんじゃないですか」
「よし、よくわかってくれた。There you go!『わからない』と言ってくれた君に感謝しよう。やっぱり講義の中にも"遊び"が必要なんだ。ありがとう」
「???」
「やっぱり、コーヒーブレークは必要だな。日本人に大切なのは、言葉より『間』なんだから」

「納得する」も「諦める」も accept

"Am I pretty?"「私って可愛い？」
"Accept yourself."「そのままの顔でいいじゃないの」

　accept は辞書によれば、「受け入れる」「諦める」「引き受ける」という意味しかない。だからニュアンスはつかめず日本人には使えない。

　You know, I'm not pretty.
（私って、カワイくないじゃないですか）
　Accept that.
（かわいくなろうとしないことだね／その顔でいいじゃないか）
　この accept を「いさぎよく諦める」とか「〜で我慢する」と訳せば、シンボルが見えてくるはずだ。
　スウェーデンのある女性が新聞にこんなことを書いていた。
「私の父はクリスチャンでこの地上の人たちを蹂躙（じゅうりん）し、キリスト教を押しつけました。そんな父や祖先が尊敬できませんでした。―（略）―しかし、今なら許せます」
　たしかこんな内容だった。その中で、Now, I accept my father. という個所が印象的であった。「もう不平、不満、文句はいいません」というニュアンスが込められている。

私もかつて、ICEEの検定試験の総合司会をしてくれたある若いアメリカ人女性にとげのある言葉を吐き、相手を傷つけてしまったことがあった。そして、「あの時はイライラしていて申し訳なかった。情緒が不安定なときだったので、つい」と謝ったところ、そのとき彼女は"I accept your apology."と答えた。それから彼女は、一度も私に暗い表情を見せたことがない。納得したからだ。

accept one's apologyのシンボルが見えるか

　日本の企業では、社員がついカッとなって、あるいは堪忍袋の緒が切れて、辞表を出す光景に出くわす。金八先生のようでカッコいいが、契約社会のアメリカでは、そんなに甘くない。

　I don't accept your resignation. Because the contract says...（辞表は認めない。契約書によれば……）

　あるディベート好きな新妻が、主人からクギをさされた。

「お前の言っていることはよくわかるんだが、俺はいやなんだ」
　I know what you mean. But I don't accept that.

　もっとひどいのは次の会話。

「君のしていることは、すべて事実として正しい。しかし、僕は納得しない」

(I accept for a fact everything you're saying is true.
 But I won't buy it.)
「あなたがそう言うなら、仕方ないわ」
(What ever YOU say, I accept.)

　まだ、acceptのシンボルが見えないだろうか。
　そう、acceptとは、"文句なく"認める、いったん認めたら"文句は言わない"というシンボルがある。それが納得するという意味だ。だから、黙認、黙従、忍従、我慢、諦めがすべてacceptanceと記される。Why?（どうして？）と聞き返すことを潔しとしないからだ。

自然体がacceptに結びつく時

　スイスは、ドイツの秘密警察に送られた3万人のユダヤ人を国境で門前払いをしたという罪意識がある。しかし、多くのユダヤ人が秘密預金をスイス銀行の隠し口座に預けたことは確実で、「あのお金を返して」と言い出した。
　We're sorry. と謝罪したことのないスイス人にとって、guiltをacceptすることがいかにつらい（hard）かは、次の文章から察しがつくだろう。

The hardest part of facing history is accepting guilt
—— not as individuals but as a nation.
『TIME』(1997年2月24日号 P.44)
　日本人なら、ご託を並べずにapologyをacceptしたうえguilt

までaccept（呑む）するだろう。むしろ日本人は「水に流す」という独特の諦念観で、このacceptanceを美意識で受け入れるのではないだろうか。この日本人の「自然体」、「ありのまま」もacceptで言い表せる。

　accept things as they are（ありのままとらえる）
　accept things as they come（自然体でいく）

　日常会話となると、もっと簡単な英語が使われる。「納得したぜ」はYou've got me. またはI get the message.

　マフィアが恐怖でもって相手を納得させるときにも、このget the messageが使われる。

　The members of his family will get the message.
　（やつの家族は、これで懲りるだろう）

　二度と文句を言わないとは、恐怖という現実に対し納得して沈黙するだろうという意味だ。accept the reality of terrorよりget the messageの方が迫力がある。
　わかったか？
　「あんたの言うことがわかった（説得された）」はI get you.
　「納得したよ」はYou got me.

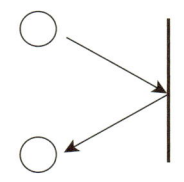

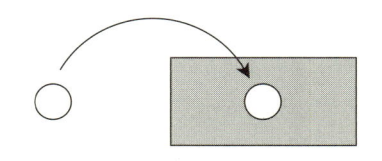

ボールをgetした
ものはgiveですぐ
に返す

takeには仕切り
がなく、ボールを
返さない

Acceptはボールを
心の中に隠す

☕ Coffee break

禅とは何ですか？その心は。
　そういう質問を受けると、私は一言で答える。「Acceptanceだ」と。「自然体」「あるがまま」——すべてaccept things as they are（come）。
「英語の勉強だけで忙しいのに、禅なんか勉強する時間がありません。それに私、記憶力が悪くて」
「Accept yourself. 物覚えが悪いとは物忘れの速さには自信があるんだろう。考えてもみよ、いったん覚えたことが忘れられない人は不幸だよ。学ぶとはlearnとunlearnの繰り返しなんだから」
「頭が悪いんです、私は」
「Accept yourself. 君は頭の使い方を知らないだけだ。その証拠に、コーヒーが冷めていることに気がついていないね。コーヒーがかわいそうじゃないか。そういうちょっとした気配りが無くて、英語は学べないよ。脚下照顧（きゃっかしょうこ）って言葉がある」
「それどういう意味ですか」
「Look within. やっぱりAccept yourself. でいいか」

カンにbig wordsは不要

I just know it.
カンだね

　カンといえば、直感（intuition）に分類され、論理（ロジック）と対岸に置かれやすい。I think. といえば、そこには why-because というロジックが存在するが、I feel. といえば証明の必要はなくなる。だから「ちょっとしたカン」は a gut feeling（腸で感じる直感＝虫の知らせ）といい、欧米人は日常会話でもよく使う。カンもちょっと茶化して使うと、female intuition（女の直感とは女性蔑視に思われがちなので女性の前では使わない）とか a funny feeling がいいだろう。

外国人にはカンがないと言ったソニーの盛田

　だが伝言者のカンといえば、当たるものであるというポジティブな intuition になる。ヤマカンだけの経営者は a seat-of-the-pants manager（行き当たりバッタリの経営者）といってバカにされる。斬れる経営者は intuition を judgment と同格に扱う。人から「どうして君の商品がヒットしたのか」と聞かれても、I just knew. としか答えられない。creative decision maker といわれるソニーの盛田氏が外国人記者クラブでの講演で「外国人のマネジャーには

カンというものがない。経営者には第六感（sixth sense が使われた）が必要だ」と豪語されていたことを覚えている。これでは、外国人経営者には judgment ができないとこきおろしたことになり、氏の英語を聞いてヒヤヒヤしたものだ。私のお勧めの英語は gut instincts だ。guts（度胸）ではない、gut（消化器官）で得られる直観のことだ。

カンには I feel. と I know. がある

ノートン・サイテンというベンチャー企業の前会長である David Mahoney 氏は、"The chief executive officer is not supposed to say, 'I feel.' He's supposed to say, 'I know.'" と言う。アメリカのような大家族なら大型テレビを輸出するのがいいだろうという周囲の予測とは裏腹に、小型テレビの開発に乗り出した盛田氏はその理由を、「アメリカは核家族だから、各部屋に小型テレビでもいいから1台ずつ欲しがるものだ」と閃いたからだという。盛田氏のカンは、I just know. に近い。

この閃きを intuitive flash というが、そこにはちゃんとした reasoning があった。単なる feeling（これは単なるヤマカン）ではない。そんなときにアメリカ人は、I just know it.（オレにはわかるんだ）という言葉を使う。もともと、経営者にとって intuition とは knowing your business のことだ。

直感とは合理的思考なく得られた知識のことであり、長年培われた経験や学習の蓄積がなければ生まれない instantaneous flash

のことである。しかし、ソニーがハリウッド・ビジネスに参入することを決意した経営者のカンは、hunch か educated guess（高度なカン）のいずれかであっただろう。

What-if で危機管理せよ

　危機管理の時代である。過去の成功にあぐらをかいているヒマはない。不透明な時代に入った。かといって、「今、思いついた」（I just got a hunch.）といって方針をコロコロ変える、朝令暮改型の社長には社員もついていけないだろう。「カンを働かせる」とか「山をかける」というよりは play one's hunch である。海路なき海を航海する船長には、hunch や intuitive judgment は不可欠である。宇宙飛行士である Edgar Mitchel は月面飛行に先立ち、こう言った。

"We spent ten percent of our time studying plans for the mission and ninety percent learning how to react intuitively to all the 'what ifs."
（われわれは任務計画には 10％の時間しか使われなかったが、「もしも」というあらゆる有事にどう直感的に反応するかを学ぶために 90％の時間をかけた）

　この what if 〜思考が危機管理に役立つ思考である。常に「万が一」という偶発時に備えるのは、これからの経営者に欠かせない risk management skill である。

ミッチェル氏は、カリフォルニア州で The Institute of Noetic Sciences という研究所を設立した。この noetic はギリシャ語で intuitive knowing のこと。カンを鍛えるのも科学であると考えているのである。ミッチェル氏にいわせると、この思考（"what if" failure analysis）がある限り、ユニオンカーバイト社はインドのボパールであんなひどい惨事を起こさなかったはずという。

　People risk だらけのアメリカで生き延びるには、What if this guy isn't telling the truth? という警戒心を身につけておく必要がある。彼らの合い言葉は "Watch out for resumes."（レジュメには気をつけよ）である。その根拠は、The best resumes don't produce the best people. である。日本でも、履歴書のきらびやかな人を警戒するムキがあるが、「面接の達人」というのがいて、必ず面接試験に受かるというパフォーマーが目立ってきた。売り込みは巧いが、すぐにメッキの剥げるゲームズマンは警戒すべき存在なのだ。だから、集団面接でディベートを行う企業が増えてきているのだろう。極限状態に置かれると、人はホンネを出すばかりか、人間性（character）まで露呈してしまうからである。したがって、面接する方でも右脳的な intuitive judgment が要求されることになる。

gut（勘）で勝負するには guts（度胸）がいる

　かつて、私は法務省の検事たちに英会話を教えたことがある。12、13人というこじんまりしたクラスであったが、あまりに消極的

なので業を煮やし、「今から一人一人自己紹介をしてもらいます。みなさんの気質は英会話に向かないのではありませんか。一人一人血液型をおっしゃってください。私のカンでは、きっとみなさんの血液型は8割以上がA型でしょう」とブラッフィングをかけた。結果、ひとりだけがO型でほか全員がA型であった。「この先生の直感力は検事並みにすごい」といって、それから彼らは積極的に授業に参加してくれた。

　私の直感はlogicとfeelingの相乗りであった。第一印象が消極的、というより間違いを恐れるエリート集団、ハハーン、こりゃA型が多い。それだけではない。私は、いろいろな組織を対象にアンケートをして5000人以上のデータ（会場での挙手を含め）をもとに、血液型と英語学習法に関する書を著したこともある。そういうわけで、会社でも法務関係の仕事は圧倒的にA型人間が占めていることが多く、そしてB型（人事研修に多い）がいちばん少ないことをあらかじめリサーチしていたのである。

　だから、「どうしてわかった」と聞かれたときに「カンだ」としか言いようがない。種明かしをすればI just know it.でよい。図示すれば次のようになる。

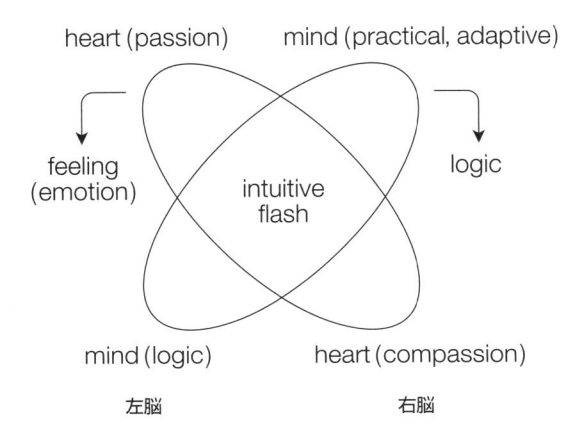

```
        heart (passion)      mind (practical, adaptive)
              ↓                        ↓
         feeling                      logic
        (emotion)     intuitive
                       flash

         mind (logic)       heart (compassion)
            左脳                   右脳
```

私なら、カンを次のような英語で表現する。

Intuitive flash comes when you get your heads and hearts working together.

　この中央の intuitive flash が生じるところが、女性の得意とする脳梁（corpus callosum）による思考である。
　しかし、これは女性の専売特許ではない。代表取締役（chief executive officer）ともなれば、これに似た butterfly brain というものを持っているはずである。ランダムハウスの Robert Bernstein は、直感とは電機の交流のようなものだという考え方に基づいて、次のようなユニークな見解を述べた。

"I have a butterfly brain that flits from one idea to another."

右脳と左脳の間をアイディアが飛び交うといった、柔軟な思考の持ち主なのだろう。東洋では「機」という概念が danger であると同時に opportunity でもあると述べると、西洋人は驚くのである。

同じカンでも意志決定に役立つカンのことを disciplined intuition というが、これは、crisis に直面したときに go か stop を決めるうえで欠かせない。私はこれを脳幹思考（reptilian thinking）と呼ぶ。fight or flight（闘うか逃げるか）の分かれ目で勝負する直感型リーダー（intuitive leader）に不可欠な思想だ。その判断は4つのロジックを立体化させ、統合された思考エネルギーを up（上）か down（下）に分け、その中央の7番目の"核"に自らを置くことによって可能になる。天・地・人の一如となったときに生まれる educated hunches こそが、リーダーにとって必要なカンである。

このように wide-angle view を持つ natural intuition とは、次の絵のように六角形になる。自然の権化である水晶（crystal）のようにはっきりと見えてくる。だから欧米人は My crystal ball says...（私の予言では）という表現を好んで用いるのだ。

この六角形の中央の「核」こそ"道"と呼ぶべき聖域であり、ヨガの目指すところでもある。Karma Yoga の学者である Ramamuethi は、"All paths converge toward the ultimate goal." というが、この the ultimate goal こそが自然発生を促す。このひらめきは泉となるはずだ。

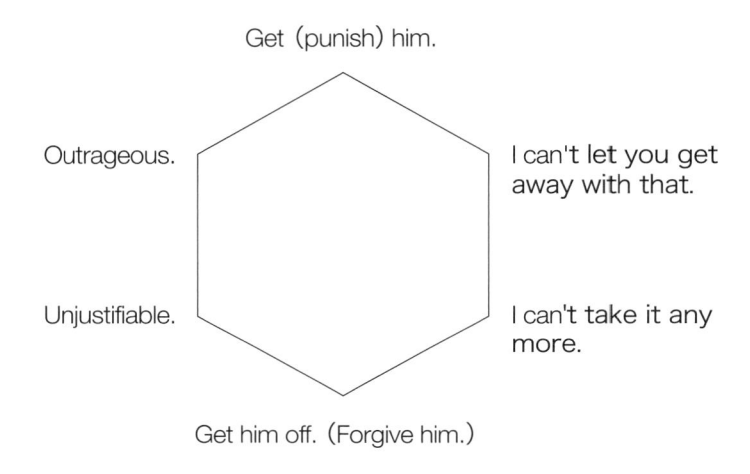

```
           Get (punish) him.

Outrageous.                    I can't let you get
                               away with that.

Unjustifiable.                 I can't take it any
                               more.

         Get him off. (Forgive him.)
```

　アルキメデスはEurika!と叫んだが、19世紀ドイツの科学者、ケクレーは、自分の尾を噛んでいる蛇の夢を見てベンゼンの化学構造が亀の甲羅の六角形であることに気づいた。これを英語でAha response（「アハ体験」、最近ゲームにもある）と呼ぶ。

☕ Coffee break

「今日、こんな夢を見た。蛇にかまれた夢をね」

「フロイトの夢分析によると、先生は今、性的に倒錯、いや抑圧をしていることになります」

「おいおい、東洋じゃ蛇や竜のシンボルはいい意味で使われるんだよ。
　まじめな話に戻り、ケクレーの夢の話をしよう。カール・ユングは名著『Man and His Symbols』の中で、ケクレーが見た夢によると炭素が亀の甲（ベンゼンの構造式の俗称）であることを知った。そのシンボルが尾を噛むために丸くなった蛇であったということを知っているかい。すべてを性衝動と結びつけたフロイトは、カギはペニスと同じ sexual symbol だといったが、ユングは「いや『神への欲求』(The desire for God) ともとれるではないか」と反論している。この二人のシンボル論争はあまりにも有名だ」

「じゃ先生は、ご自身の体験から自分はフロイト派が正しいとおっしゃりたいのでしょう」

「……お前はしゃべり過ぎる」

裏がalternativeになるワケ

I'm an alternative voice.
ぼくは人から憎まれても本当のことを言う人間だ

　右のright を表とすれば、左のleft は裏になると前述したが、あまりの思考の飛躍に読者も戸惑われたと思う。そもそも表と裏をタテ関係で見る日本人に、神 vs. 悪魔、正 vs. 誤、左 vs. 右というヨコの関係で眺める欧米人感覚を押しつけたところに無理がある。英語のシンボルを学ぶとは、東西のシンボル比較を学ぶことになる。早期英語教育の落とし穴がここにある。まず、日本語のシンボルをしっかりつかむことだ。

　そのために「裏」を和英辞書（三省堂）で調べてみよう。

1. （裏面）the back; the reverse; the wrong side
 （反対側）; the inside（内側）; the tail（貨幣の）
2. （背後）the back is the rear
3. （着物の裏地）the lining
4. （野球の）the second half <<of the forth inning>>...

と、よくまとめられている。野球のところはsecond half よりも the bottom (of the fourth inning) の方がよいが、これが「表」の辞書と呼ばれている。使われている用法が懇切丁寧に述べられているが、実際に使われている用語とは程遠いのでもどかしい。だから「裏」の

(alternative)の辞書が要るというのが、私の持説である。「裏の辞書」とは、unafraid dictionary のことである。

「恐れない辞書だって？　そりゃリスクが多すぎる。オーソドックスでない辞書のことだろう？　受験生に unorthodox dictionary をすすめるなんて、酷だ」と、読者（中でも「表」の英語教育者たち）は立腹されるだろう。裏を読んでいただきたい（Read between the lines.）。「恐れない」とはホンネ（the truth）を伝えることを恐れない、つまり、勇気を持って編んだ辞書だという意味だ。もっとも、afraid が「表」だとはいっていない。「守り」に徹する afraid dictionary を「表」とすれば、「攻め」に徹する unafraid dictionary は「裏」である。だから「裏」は left-handed か devilish になる。

　高利貸し（loanshark）などの裏金融は、alternative finance である。表金融では貸してもらえないからだ。裏の裏には闇金融がある。もう救いのない satanic banks になる。裏の devilish banks は水商売で返させるが、闇金融になると、お湯の商売にまで落ちる。

　私が編みたいのは、そこまで落ちた無責任な辞書（bad dictionary）なんかではない。しかしシンビルに役立つ unafraid な alternative dictionaries（あまり聞かないが）があれば英語のプロ（検定試験を受ける必要がない人）に勧めたい。

　思い出していただきたい。go と come は、表の辞書によれば「行く」と「来る」となるが、私の alternative dictionary によると「見えなくなる」と「見えてくる」に置き換えられると言った。英語教育界という権威を恐れていては、こんなことは書けない。だから、unafraid な

人間にしか alternative dictionary は編めないのだ。

「裏の裏を読め」という言葉があるが、ここまでくると、read between the lines. では間に合わず、read beyond the lines. となる。「裏」を和英辞書で調べてもシンボルが見えない。

ダ・ビンチは表と裏の二刀流の達人

「科学とは、裏を表にする作業なのである」と言い切る、おもしろい学者がいる。奇書『日本語表と裏』（新潮文庫）を著した森本哲郎氏である。日本人の美学とは裏の美学であるという考えに立つ氏は、同書でこう述べておられる。

「……日本人はすべてのものごとに『裏』を見ながら、『裏』を突き止めようとはしなかった。『裏』を『裏』として、ただ承認しただけだった。それどころか、『表』を『裏返し』たりすることは、決して好ましいことではないと信じてきたのだ。日本人の"おぼろの美学"が何よりもそれを証言している。日本人はあからさまなことを嫌い、ものごとを明らかにすることをあきらめるという形で、断念するという意に転化させてしまった。なぜなら、ものごとが明らかになれば、そこにはもう『裏』はなく、何の価値もなくなってしまうからである」（P.136）

日本でディベートがこれまで定着しなかった理由がこれでわかる。ディベートは「証明の科学」であり、腹芸は「裏表の芸術」である。前者は裏を表にする科学で、後者は表から裏を「察する」芸である。この art と science をともに学べと言ったのが、天才的芸

術家のレオナルド・ダ・ビンチだ。

　私がこの表と裏という日本的発想に興味を抱いてきたのは、一つには私自身が「表」の人間を格別に意識する「裏」の人間であるということを自認していることと、第二には裏と表が英訳できない理由がわからなかったからである。「表」と「裏」を対極にすれば、front と back、あるいは top と bottom（野球の表と裏）、あるいは単に、two sides of a coin（議論の裏表は two sides of an argument）であるが、これは対等である。中国では陰（ying）と陽（yang）が逆転するが、西洋では「表」の light（神）に対する「裏」の darkness（悪魔）という構図でとらえられるので両者は対照的であり、そこに緊張感がある。

英語にも「裏」と「表」がある

　日本の「表」は「公」である。「裏」は「私」であり「民間」である。官尊民卑のこの国では、○○省という冠がつくと検定試験でも何でも「表」の権威が加わる。嫉妬する「裏」の団体が強くなれば乱世だ。神道用語でいうハレとケ（日常）という考えも、表と裏という非対称的なバランスのことだ。この一見相容れない存在を結びつけるのが「結び」、すなわちスパイラル・ロジックの思想で、そのシンボルが注連縄（しめなわ）である。

　ところで、私が主催するICEEは「裏」の検定試験である。だから思い切ってリスクをとることができる。「表」は質問者に PC（political correctness）に気をつけて、「出身地を聞くなよ」「服装をほめるな（セクハラになるから）」などといった通達を回すなど、何かに怯えているが、「裏」にはリス

クが取れる強みがある。では orthodox と unorthodox とか legitimate と illegitimate とか public と official という形で表現できるかといえば、そうでない。茶道会における表千家と裏千家は対等に立つが、後者の方がマーケティングは派手だ。科学でも医学でも、公に認められていない限り、すべて alternative という形容詞で表される。漢学が「表」のときは、洋学（蘭学）は「裏」であったが、明治には逆転している。今日、医学界でも西洋と東洋のせめぎ合いが続いている。漢方はまだ裏だ。公のお墨つきがない alternative science（マクロビオティックも）などはすべて「裏」である。お茶の世界でもそうだが、裏の方がマーケット拡大志向が強く、それだけエネルギッシュである。教科書（表）で教えない裏の英語（映画英語など）は確かに手強いから、表の人ほど裏の人、たとえば私のような"英語の鬼"（demon であって satan ではない）を恐れ、そして畏れる。

☕ Coffee break

「裏の理由は何か」と聞くときは、What's the real reason? でよい。

裏は reality（現実）で、表の理想の世界とは異次元の世界といってもよい。東京はタテマエで大阪はホンネの社会だ。

An apple a day keeps the doctor away.（一日リンゴ一個食べれば医者は要らない）ということわざを聞けば、東京人は「ああ、そうなんだ」と同意する（実際は相手を無視しているのだが）。しかし、大阪人は「ホンマか？（ほなら、青森の人間は病気にかからんのか）」と裏へ踏み込んでくる。

東京人が苦手とするツッコミだ。

大阪人の Really? は、裏の真実に対する好奇心である。漫才とはユーモラスなディベートのことである。大阪人は頭の回転が早いからディベーターだ。そんなお世辞の要らないのが大阪人。

「センセ、何か裏があんのとちゃうか？」

What's the catch?（この場合の裏は落とし穴のこと）。

タテマエとホンネは表と裏のtruth

Truth hurts. So lie to me, please.
本当のことって傷つくの。だから私にはやさしい言葉をかけてね

　ビートたけしと所ジョージの古い番組の中に「ドラキュラ裁判」というコーナーがあった。くだらないと思いつつ、ついつい見てしまうというのが人情（truth）であろう。「はい」「いいえ」というのはテレビの視聴者向けの答えであって、それはfactでしかない。それがtruthかuntruthかを確かめるために用いられるのが、嘘発見器である。

　つまり、被験者（露出狂者？）のホンネを引き出す（get the truth out of an examinee）のが目的である。裁判で用いられる反対尋問も真実に迫る（get to the truth）ためのプロセスである。

　だが、真実を語ることはつらい（truth hurts）ものだ。世界的に著名なインタビュアーである故オリエナ・フェラッティーは、インタビューはsexであるとともに外科手術でもあると言ったが、それも「真実は痛む」という公理に立った彼女流のアナロジー（類推）である。

　人がホンネ（what one really means）を吐くことをためらうのも、真実を話すことがつらいからである。だから、聞き方もTell me the truth. といった露骨な質問はしない。Do you really mean it? でよい。もし相手がI think? と言い、それがタテマエくさいと

考えれば、Do you really? でよい。

スピルバーグ監督を泣かせた映画

「今までの映画はすべてホンネではない。だが、このテーマは違う。ホンネを吐かせてもらった」

と熱っぽく語ったのは、「The Color Purple」「Empire of the Sun」「Jurassic Park」で世界を驚かし続けた映画監督、Steven Spielbergだ。その映画の題名とは「Schindler's List」で、テーマはホロコースト（大虐殺）。Oskar Schindlerとは、the Holocaustから1200人のユダヤ人を救ったドイツ人のビジネスマンでカトリックの信者だったというから、ユダヤ人にとって、非ユダヤ人の英雄である。

スピルバーグ氏は撮影中、何度も泣いたという。日本には反ユダヤ派は少なく、親ユダヤ派は多い。だが、スピルバーグほど思い詰めることができないのは、ユダヤ人でないからだ。東京裁判の映像を見て、被告人が裁かれる見るたびに私は泣くが、いかに親日派のユダヤ人でも私のようには感傷的にならないであろう。ユダヤ人がユダヤ人の同胞を思うのと同じように、日本人である私が日本人の英霊を思う気持ちに変わりはない。

Are you proud to be a Jew (Jewish) or ashamed to be a Jew (Jewish)? という質問にユダヤ人が答えれば、ほとんどのユダヤ人はたぶん前者だろう。この映画を観た日本人に、Are you proud to be a Japanese? と問えば、ほとんどの人は答え

られないであろう。けしかけられて、自衛のために立ち上がったはずの日本も、戦争に負ければ「二度と過ちは繰り返しません」と詫びる。「過ちは繰り返さ・せ・な・い・」という愛国的ディベーターはいないのか。

日本人のホンネ、タテマエは double standard ではない

外国人がこれまでの私の解説を聞けば、日本人は truth（ホンネ）を隠し untruth（タテマエ）ばかりを述べるから、double standard（二重基準とは哲学の欠如のこと）だと速断されてしまう。日本人の中には反論する勇者（英語不自由な日本人が多い）もいるが、英語で反証（prove them wrong）する知者が少ない。

外国人に日本人のホンネとタテマエを説明するときに、私は Both honne and tatemae are the truth. The former is the private truth, while the latter is the public truth. と述べる。欧米人の中には、"Abortion? Privately, yes. Publicly no."（中絶？ 立場上はノーとしか言えないな）と器用にその場を糊塗するのが上手な外交家がいる。アメリカ人には、private self と public self と分けて説明すればピンとくる。either private or public の民族にとり、both private and public という日本民族の玉虫色的発想は、偽善的に映る。

人は誰しも何かにおびえる。その恐怖の対象が、周囲の眼か、神の眼かだけの違いだ。ドル紙幣の裏のピラミッド（フリーメーソン

の階層)の頂上の眼(all-seeing eye)を見よ。まさに、すべてをお見通しの神の眼である。

日本人の道とは principle

翻訳者サイデン・ステッカーは、日本文化に「道」が残っている限り、この民族は滅びないと断言した。道とは、日本人の行動原理で哲学であった。そして哲学とは人間の背骨(プリンシプル)にほかならない。家族を、社会を、あるいは国や、国体(皇道の流れ)を守るために、貫かねばならないタテマエは英語でいえば principle でる。「このタテマエは崩せない」という場合、欧米人は It's a matter of principle. と述べる。そして絶対妥協しない。この principle を通すことを integrity という。これらを失うことを最も恐れる、日本人にとり、「道」は principle や integrity であった。戦後の日本人は、道を恐れなくなった。日本人が道を忘れれば、恐れるものがなくなってしまう。恐ろしいことだ。

道を忘れた今の日本人は空気で動く。道という道徳的な磁石(moral compass)を失った日本は真っ暗闇だ。「正義」が裁くのではなく、「空気」が裁くからだ。空気が和製英語をつくる。表の英語、moody(本来は「憂うつな」)が、日本人は「ムードのある」という意味に換えて使っている。ムーディーな人間、ムーディーな喫茶店?　さっぱりわからない。しかし、日本人は「表の英語」に対し、「裏の英語」を使ってしまう。正しいか間違いかというディベートを敬遠するから、空気がすべてを決めてしまう。日本人が実用英語を

苦手とするのも、「空気」と「世間の眼」であろう。

　道にはミチとドウという二つの顔がある。ミチをホンネとすれば、ドウはそれを守るタテマエである。そこで私はネイティブには、こんなシンボルで、しかも次のように卵を図示して、欧米人にホンネとタテマエを解説する。

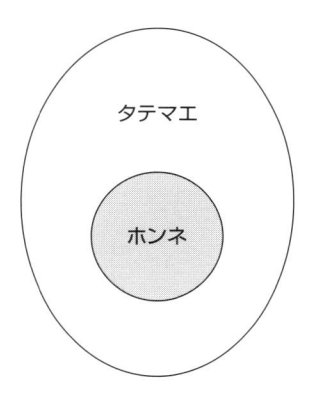

```
        タテマエ

          ホンネ
```

中味（黄身と白身）を守るためにはタテマエが要る。
どちらも真実であり、決してa double standardではない。

日本の道徳教育には
ethics（倫理）が含まれる

Whistle-blowing is moral but is it ethical?
内部告発は道徳的だが倫理的か？

　日本には、道徳教育が必要だ。ビジネスマンよ。経営者よ。カネよりも、社会への還元を忘れるな。ホリエモンや村上のようなマネーゲーム・プレーヤーになるなという発言が増えてきた。経営者が示すべき「道」への目覚めである。やはり日本はいまだに「恥の文化」なのだなぁと思う。人の目を鏡に自己を投影させる日本人は、shame の中に自分の本心を見出すが、良心を guilt と結びつける欧米人はそのようには考えない。しかし、他人の目があろうとなかろうと、本心は guilt（あるいは guilty conscience）により監視されるのである。

　したがって、欧米人の目から見ると日本の若者の「旅の恥はかき捨て」（Shame away from home.）という日本的知恵は、まったく理解できないのである。私がニューヨークで出会ったバングラディッシュ人のタクシー運転手は、こう言った。

「私は 20 年間、ここでタクシー業務をやってきたが、日本には未来はないね。ミニスカート姿の若者を見ていればわかる。あんなひどい格好で遊びに来ている。聞くと、『だって日本には自由がないじゃん』と言ってくる。特に日本の女子学生はニューヨークに来た途端、

100％アメリカ人になるんだね。中国人や韓国人は、家族の結束を大切にしてアメリカにかぶれさせないという教育をしているから、未来がある」

　道徳教育（moral education）を危険視（politically incorrect）してきた（GHQの占領政策により危険視されてきた）日本が、徳治政治（virtuecracy）を無視してきたツケを払うときがきたようだ。

　個人の権利を認めるのは、基本的人権を保障する憲法の根底であり、それがなければ法治主義は成り立たない。それはまさしくrock logic（石の論理）である。論理的思考がカッコいい（cool）。周囲への影響を気にせず自分の頭で考える（think on one's own）ことができればまさにcool。論理も法律も石のように堅固なもので、空気に、そして情に流されない。戦後民主主義は、これまでの滅私奉公精神を捨て、自己を中心に考えるジコチュー人間を異常発生させた。品格が脱ぎ捨てられた。石のように冷たいロジックが、現代人の処生の武器となった。

　ところが、石の「知」に対する火の「情」は、個よりも民族のプライドや伝統などの"種の保全"を重視し、復讐を始めた。右傾化の原因だ。石は衝突して火花を散らしたり、風化もする。同じように表面は穏やかな水も、いったん火が加われば熱湯となる。これが民族主義の目覚めになる。

　マジで闘う（play for real）右翼は、妥協なく、左翼のgame playingより怖い。愛国心の渇きは、水のように民衆の間に広がりやすく、水に含まれる水素の部分が熱くなると、お互いに点火しや

すくなる。徳（道）治主義は民族主義に火がつくのをおそれ、法治主義は、秩序（石）が風化するのを恐れる。風が火を煽れば、革命が起こるからだ。

陰徳がペイ・イット・フォーワード?

さて、先述した、ニューズウィークの「陰徳」特集のあと、EQ（情感指数）のブームが到来した。コンピュータ時代のデジタル思考の行き過ぎに「待った」をかけた（whistle-blowing）のが emotional intelligence という「思いやり」の勧めである。陽徳が陰徳に近づいてきた。

そこへ、映画『Pay It Forward』（邦題は意味不明な『ペイフォワード』）という奇想天外な発想が登場した。徳をお金（pay）で証明するアメリカ的発想を forward で軌道修正したものだ。この感動的な映画は、西洋人に東洋人の陰徳の美学を教え込むには絶好の教材となるはずだ。しかし、目立たないはずの陰徳も、運動になった途端、純粋さを失い、宗教、そして政治的な運動に発展するので、いずれ陽徳に姿を変えてしまう。進化とは皮肉なものだ。

それでもいいのではないかという人が増えてきた。
マイクロソフト社のビル・ゲイツと氏の妻は、恵まれない人のために巨大な富の一部を分け与えている。

He's a big, big giver.
Wait! THEY are big givers.

クリントン夫妻が a political couple（仮面夫婦）とすれば、Mr. and Mrs. Gates は an amazing couple といえよう。Amazing なら、あえて virtuous という形容詞をつける必要もあるまい。

　ふと思う。日本の道徳教育は moral education というよりも moral-ethical education ではないかと。親友が夜中に、君の家の戸を叩く。「やむを得ぬ状況で、人を殺した。サツに追われている。かくまってくれ」と頼む。友としては、かくまうのが ethical。しかし、殺人者をかばうとは、immoral。共犯になるから、illegal。だから guilty（有罪）になる。こんなジョークを聞いた。フランス人は党が同じなら入れる。アメリカ人なら「ここに100ドルあるからどこかへ消えてくれ」と追い出す。厄介払いだ。"Good riddance to him." とアメリカ人は表現するだろう。日本人は、相手をかくまい徹夜で説得し、翌朝、自首させるという。倫理的で、道徳的、しかも法律的である。ジョークの果てに、何となく真理がある。

フリーセックスは英語？

Free love costs you a lot, I'm telling you that.
フリーセックスは高くつく。ぶっちゃけた話

　自由恋愛は free love。しかし、最近では free love はフリーセックスと同一視されるようになった。自由戦争になると、性欲の強い奴が勝つ。英雄は色を好む。中国では「英雄難美人関」（英雄が美人の関を通過することは難しい）という。黄帝は、長寿の道（a path to longevity）は 1000 人の生娘（virgins）と寝ることだと信じ、この道教の教えは、毛沢東にまで継承された。道教と神道はここで大きく異なってくる。

　The chairman (Mao Zedong) was motivated not merely by lust; the author (Dr. Li Zhisui) concludes, but a Daoist belief that sexual activity was a path to longevity.
『TIME』(1994 年 10 月 17 日号 P.28)
（毛沢東は情欲の虜（とりこ）だったとは言い切れない。性活動は長寿への道であるという道教思想の影響を受けていたのだ。と著者は断言する）

　毛沢東の性生活を暴露した本であるが、彼の主治医によると、毛沢東は女をくノ一（女忍者）として使ったという。愛人の夫の動

向を探らせるために寝取る（英訳しがたい。sleep her off? と自己流に訳してみるか）という、徳川家康も真っ青にさせる人事戦略思考は、それだけ東洋的（いや中国的）であるといえる。

> He used his lovers as tools and weapons to crack down on his enemies, by asking them to spy on their husbands if Mao was suspicious of them.
>
> （毛沢東は自分の敵を根絶させるための道具そして武器として、自分の愛人たちを使った。あやしい奴だと感じたら、「お前の夫の素行を調べあげよ」と頼んだという）

この種の権謀術数による、嫉妬統治を用いる企業もあるというが、大企業ではこれが命取りになる。ちなみに、中国では愛人のことを情人（チンレン）、女房のことを愛人（アイレン）と呼ぶらしいが、いずれの世でも女のパワーはすごい。これからファジー・ロジックの時代が来る。ということは愛人（女房）、情人（愛人）という二者が交わった灰色の部分（日本では不倫と呼ぶ）が現象的に増えそうである。余談ながら、中国人が「不倫」という漢字を見たら、獣姦のことかと驚くそうな。

セックスが学説に結びつく時

こんな斬れる英語が『TIME』（同号のP.41）にあった。

> Like free love, free trade breaks down whenever there

are people involved who want to protect their interest in this case, bananas.
（自由貿易も自由恋愛も、どちらか一方が自分の利益を守ろうとする人間がいれば崩れてしまう。この場合はバナナの利権だ）

うまくsexとtradeを結びつけたものだ。いや、もっとすごい発想がある。

According to the study, however, the people who masturbate the most are the ones who have the most sex.
" If you're having sex a lot," says Gagnon, "it's more like Keynes（wealth begets wealth）and less like Adam Smith（if you spend it on this you can't spend it on that.）"（P.47）
（しかし、その調査によると、最も盛んに自慰行為に耽る人ほど性欲も最も盛んだという。ギャグノンは言う、セックスが盛んであればあるほど、ケインズ学派（富は富を産む）に近くなり、アダム・スミス学派（ひとつのことにエネルギーを注ぐと、ほかのことにはお留守になる）から離れてしまう）

経済学とセックスが結びついているではないか。
富は富を呼ぶ（ケインズ）。性欲も財産も自己増殖（ケインジアン理論）。いや、そんな器用なことはできん、とアダム・スミスは反論する。アインシュタインが引力（gravity）の法則と格闘していた

ころ、女房（前妻）と別れるかどうか悩んでいた。別れてくれたら、きっと取ってみせるノーベル賞の賞金を手渡す、と空手形を出していた。前妻をブラックホールに変えたアインシュタインはその頃、引力の研究に没頭し、2人の女の引力に挟まれ悩んでいた。学説の裏にも男と女のドロ臭いドラマがある。

　日本では、恋愛とはplatonic loveのことと相場が決まっていたが、いつの間にか、肉体関係がなければloveが存在しないかのような時代に変わってきた。霊と肉体が接近するファジーの時代といえよう。free loveとfree tradeが、そして、性活動と経済活動が渾然一体となるfuzzificationの時代が、もうそこまで来ている。

☕ Coffee break

　カタカナ英語（和製英語）は、通じない英語bad English、いやbad Japaneseだ。フリーセックスはfree love。ではフリーライターはfree lance (writer)。free writerは、ただで原稿を書いてくれる人（website chatterersや2チャンネルライター）のこと。フリーサイズはone size fits all。フリーダイアルはtoll free。こういう喫茶店でのフリートーキングはfree discussionかbull session（くだけた話し合い）という。野球のフリーバッティングはbatting practice。

「先生はフリーライターですか」
「いや原稿料はいただきます」
「じゃ喫茶店の参加はタダで」
「本書の読者はフリーパス」
「顔パス、フリーパスですか」
「そう、You're free to join us anytime (if I know you). without my permissionでもいい。カタカナに騙されないことだ）」

浮気がunfaithful?

Have you ever cheated on your wife?
浮気をしたことがありますか？

　15年前の単独世界旅行は、「嫉妬」に関するものであった。45日間で13カ国を歴訪して得たものは、嫉妬と経済学とは切り離せないという発見であった。道中で多くの国の人々と嫉妬について語り合った。Are you a jealous type?（君、嫉妬深いタイプかい？）と聞けば、80%くらいはNo.と答える。ところが私の方で「ボカァ、嫉妬深いタイプですね。I am a jealous type.」と答えると、相手はドッと笑う。「先にホンネを出されちまった」という解放感なのだろう。

　私がもっとも頻繁に受けた質問は、Have you been faithful to your wife?（浮気はなかったの？）であった。特に女性からの質問が多く、私を困惑させた。

　浮気は、口語英語ではhave an affairのことである。しかし、少し固い英語になると、have an extra-marital affairとなる。「デキている」とはhave a relationshipのことで、平たく言えば、being romantically involvedのこと。これも書き言葉であるが、語り言葉であれ、書き言葉であれ、「浮気をする」の共通表現は、being unfaithfulになる。

　ちょっと古いが1994年10月17日号の『TIME』が引用した

セックス・レポートによると、既婚男性の75%、女性の85%が浮気をしたことがないという。

　Nearly 75% of married men and 85% of married women say they have never been unfaithful.
（配偶者以外の人と性的関わりを持つことは、姦淫（adultery）とされているのだ）

　モーゼに対し、嫉妬深いユダヤの神が「汝、姦淫するなかれ」と命令した。これが一夫一妻の根本原理なのだが、浮気がここではadultryからinfidelityに結びつき、神の掟に対する違反となった。とにかく、女性に対する性的衝動を心の中に描いただけ（lust in one's eyes）で罪人になるのであるから、キリスト教信者であることは、生きている限り救われないことになる。何という厳しい戒律であろうか。

神道が仏教徒と戦争しないシンボリックな理由

　雑誌『PLAYBOY』の創刊者であるHugh Hefnerは言った。

"Our puritan roots are deep. We're fascinated by sex and afraid of it."
（我々のピューリタン伝統の根は深い。セックスにワクワクしながら、ビクビクしている）

私がコペンハーゲン（デンマークの首都）で立ち寄ったエロチカ博物館の創立精神も、キリスト教的禁欲主義からの解放と弾圧に対するレジスタンスの賜物であることがよくわかった。同博物館の玄関には、何と巨大なピンク色のワギナが、洞窟のようにポッカリと口を開けて観光客（sexcited tourists）を誘っている。

　性交を「浄」と見るか「不浄」と見るのかの論争は、一神教的文化圏内にとどまらない。仏教の片隅に密教を押し込めようとした最澄（天台宗）と、密教の中に仏教を抱合させようとした空海（真言宗で性的交歓を肯定した問題の『理趣経』を著した）の差も、sexに対する認識ギャップから生じたものだと、私は考えている。空海が説いた両部神道（神仏調和）が本地垂迹(ほんちすいじゃく)を生んだのも、やはりsex、つまり異種結合要求（urge to merge）という衝動があったからだと思う。sexを不浄とみがちな一神教同士ではloveよりwarを好むようだ。

　男の50%は毎日セックスのことを考えているのに対し、女の方はわずか19%であるという違いがあるにもかかわらず、男の75%も浮気の経験がないとは驚きである。性に対する恐怖心は宗教の差にも現れる。

　ユダヤ人の間の方が浮気が盛んなのか、とあるユダヤの婦人に聞いてみた。すると、「そうかもね。ユダヤ人には地獄という発想がないからでしょう。"We have no hell."」と平然と答えたので、私の方が驚いた。

"You're not born sinners." "No."
"So you're not afraid of sex." "No."
「あなたは罪人として生まれたんじゃないって？」「そうよ」
「じゃ、セックスが怖くないの？」「怖くないわよ」

　何という会話であろう。罪も性交も恐れない民族。ユダヤ民族が不滅なのは、性に対する寛大性なのだろうか。浮気で離婚するキリスト教信者。そんなことで離婚とは軽率な、と常識に抵抗するのが大好きなユダヤ人のこんな裏話は統計に表れない。

キリスト教vs.ユダヤ教、浮気ディベート

　ユダヤ教：「それにしても、過去一年間94％のアメリカ人が浮気をしたことがない（Of married people, 94% were faithful in the past year.）という事実は、何を物語っているのか」

　キリスト教：「われわれは神を恐れるからだ」

　ユダヤ教：「そんなにお互い貞節なカップルが、なぜ離婚するんだ。クリスチャンに多い離婚の理由だ。それがホンネじゃないか。夫婦仲がいいのも、神を恐れているからだろう。もっと自由恋愛をしたらどうだ。家庭内暴力も減るし、女房も殴らなくなるし、離婚も減るだろうしさ」

　キリスト教：「そりゃ新婚生活の破壊を意味する。ダビデは一夫

多妻主義の創始者だというが、嫉妬深いヤーウェの神の教えの中に悪魔がいる。家庭を崩壊させる種（seed of destruction）がね」

　ユダヤ教：「その反対だ。flirtatious で adulterous な関係を複数の女と保つことにより離婚を減らし、家庭を守るのだ。言っておくが、モーゼは多くの女（モーゼの women）を抱えていたが、多くの wives を抱えていたわけではない。旧約聖書をもっとよく読んでから反論していただきたい」

　キリスト教：「愛には eros（官能の愛）もあれば、agape（非打算的な神の絶対愛）もあるのだ。愛はセックスだけではない」

　このように、キリスト教とユダヤ教は犬猿の仲であり、不毛の戦争は続きそうだ。だが、両者が演じる virtual debate を頭の中で描いてみるのも愉しからずやである。

「生まれ変わり」がanotherになるワケ

We don't want another baby.
我々に赤ちゃんはもう要らない

「わたくし……必ず……生まれ変わるから。この世界の何処かに。探して……わたくしを見つけて……約束よ、約束よ」

約束よ、約束よという最後の声だけは妻の必死の願望を込めたのか、ほかの言葉より強かった。(遠藤周作著『深い河』講談社文庫 P.25 より)

この妻の言葉を耳にした磯辺は、「生まれ変わり」の意味を求め、旅に出、宗教的思索に耽る。ガンで失った妻を生き返らせることは、不可能である。「わたくしを見つけて」というsoulは、bodyの死とともに消える。これは物理学が扱うmatterの法則であるが、bodyを出入りするspiritに至ることはできない。ここで、soulを扱う宗教と、spritを扱う芸術とは、同じ心の次元にありながら、相容れないところがある。

インドのガンジス河が聖なる河であるのは、不変の、そして転生を約束するspiritのことであり、したがって断絶はない。ところがキリスト教は、「死ねばすべてが消える——甦るまでは」というデジタル思考なのである。

—— 「生まれ変わり？ わたくしにはわかりません」と美津子はそ

のとき一言一言をクギって心の中でゆっくりと自分自身に言った。「死ねばすべてが消える、と思ったほうが楽だわ。色々な過去を背負って、次の世に生きるよりも」(同書、P.184)

これは、アナログとデジタルの衝突である。デジタル思考は、いったん死んだ人間が another となって復活(resurrect)するまでは、死が続いているのだ。転生(transmigration)というチベットの密教思想は認められているのである。十字架で殺されたイエスがキリスト(救世主)に生まれ変わる(born again)というのはかなり東洋的であるが、いったんは「死」という断続を経なければ、another になれないのだ。

別人格の another となって甦えり

resurrect とは、(自) to raise from the dead (他) to bring back into notice or use のこと。「甦り」とは、イエスが十字架で息を引き取ってから3日目に rise すること、あるいは最後の審判で死者から生者へ復活することである。この rise と復活というシンボルがおもしろい。三段論法の議論の部分が rise であるから、哲学的にいえば弁証法でいう「止揚」(アウフヘーベン)になり、心理学でいう「昇華」(sublimation)となる。そのシンボルは三位一体(trinity)の三であるから、ディベートでいう論証の基本である三角ロジックも、その流れを汲んでいると思われる。

イエスが昇天して、神(父なる神)に昇格したことを証明するた

めの書物が、新約聖書という大作なのだ。誰でも死ねば仏になるという仏教思想（ヒンズー教が原点）を持つ日本人（遠藤周作をはじめ）には、ついていけない。

　世に輸血を拒否する一神教がある。「お父さん、このままでは息子さんは死にますよ」と言っても、「いや、復活するのですから」と言って「死ぬのはいやだ」という子供の発言を無視する。

（〜の）「生まれ変わり」をanotherと訳し、妥協せざるを得ないのはくやしい。reincarnate（化身）という言葉は、欧米人には（魔女信仰を除き）不気味に思われるので、anotherとせざるを得ないからだ。cf. He seems to be another Einstein.（アインシュタインの生まれ変わりのようだ）

　しかし、anotherを「もう一つの」と日本語に訳すと、誤解による理解が生じる。そこに英和や和英辞典の限界がある。たとえば、ある英和でanotherを引くと、1. もう一つ、もう一人、2. 別のもの、3. よく似た、4. 似たものという訳が出てくる。ところがThe American Heritage Dictionaryを引くと、

1. Different: another method
2. Changed: You've been another person since you got that job.
3. A. Some other time and later: We'll discuss this at another time. B. Some other and former: belongs to another era
4. Additional: one more (another cup of tea)

5. New: He thinks he's another Babe Ruth.

となっている。その「心」は、「入れ替わった」「新たに加えられた」というシンボルだ。

another はピリオド. other は同時進行のコロン:

まとめると、人は死ぬとおしまい。だが、聖人だけは甦る。だからイエスは resurrect して神（救い主）となった。Born again は、まさに「中興の祖」的な存在。Born-again Christian とは、キリスト教に戻ってきたキリスト教徒のことで、「生まれ変わった」「熱心な」というニュアンスがある。「生まれ変わる」という日本人好みの表現を英訳すればこうなる。

Would you like to be born rich, if you could live over (again)?
（生まれ変わるなら、金持ちになりたいの）

if you could と could を使っているので、仮定法が活かされている。another life を信じない相手なら、この質問そのものがナンセンスとなるからだ。私ならリスクをとるつもりで、"If another life is possible, (which sex would you choose, male or female?)" と仮定法を用いる。別に、「あなたの復活が考えられるなら」という意味ではない。

if you were reborn はアナログ（ヒンズー教）的で、if you

could have another life (to live over) はいったんピリオドを打ったうえ、another (changed) life を考え直すというのであるから、間違いなくデジタル(一神教)的だ。

I will marry another woman. But I won't give up on the other woman.
(もう一度結婚する。しかし愛人を見捨てることはない)

このシンボルがつかめるだろうか。そう、隠している「愛人」とは手を切らない——同時進行している——という意味だ。

☕ Coffee break

今日は、句読点に絞って話したい——絞れなかったりして。
結婚とは「けじめ」のこと。そして別れる時にも「けじめ」がいる。だから、両者のシンボルは period (.) だ。それが結婚するのか、しないのか、けじめがない時、ズルズルと (like commas) 引きずっている状態を semicolon (;) という。同時に(こっそりと)つきあっている愛人のことを the other woman というが、これもセミコロン。しかし世間体もあり、結婚しようと、約束しあった別れた元カレは、ex-husband, ex-lover とハイフンがつく。さらにハイフンを省略して単に ex が使われる (He's my ex.)。

ex-president (元大統領) は使われても、ex-prostitute は私になじまない。He married a prostitute-turned-TV personality-turned-housewife-turned murderer. (娼婦転じてテレビタレント転じて主婦転じて殺人者)。ハイフンを巧く使うと、いろいろな表現が使える。しかし、そういうカラフルな女は私の好みではない。ま、小説のネタにはなるかな……。

袖振り合うも多生の縁とはstringsのこと

Pull your strings.
(袖振り合うのも多生の縁)、縁には便乗することだ

　ある英語辞典で「因縁」を引くと、connectionとかrelation、そして「因縁とあきらめる」はresign oneself to (one's) fateとあった。これでは、東洋人がよく用いる「縁」は到底英訳できなくなる。

　では私ならどう訳すか、と考え続けていたある日、トイレの中でふとアメリカでベストセラーになった、Dr. Wayne W. Dyerによる『Pulling Your Own Strings』を思い出した。このstringsを用いれば、シンボルが一致するのでは、とひらめいた。なぜ、Pull your own strings. という言葉が、アメリカ人にそれほどインパクトのある英語なのかと、そのstrong Englishが謎になっていたからだ。Pull your strings. は「袖振り合うも多生の縁」「縁を使って道を切り拓きなさい」。道イコール因縁で「因縁を断て」はCut your strings.

　stringはヒモである。複数で使われると意味が変わり、(援助、提案、協力などにつける) 不可条件にもなる。He gave me an offer without strings attached. といえば「寛大な申し出」の意味であり、I have two strings to the bow. といえば「私は多芸多才だ」という意味になる。

ただし、She keeps him on the (a) string. というときだけは、「彼は彼女の思うがままに動かされている」という否定的な意味になる。「彼は彼女のヒモだ」というときに、He is her string. とは言わない。やはり He keeps her on a string. だ。つまり、彼のいいなり、傀儡（a puppet on a string）というわけだ。

因縁に勝つ人、負ける人。英語の道でも

因縁に振り回されている人間は、この strings に manipulate される、つまり操られている victim（犠牲者）なのだ。

呪わしい自分の過去、裏切られた男（女）、惨めな今の境遇といった strings から抜け出せず、もがいている人間のいかに多いことか。ここで strings が（悪）因縁に結びつく。この本の題名『Pulling Your Own Strings』が世間の注目を浴びたのは、「因縁に振り回されない生き方」という処方箋を示しているからである。著者のウェイン・W・ダイヤー博士は、Gaylie Spanier Rawlings の次の言葉に刺激を受けたという。

Pull Your Own Strings. We are connected in invisible ways to our fears.
（あなたが結んだ絆を使いなさい。われわれは、目に見えないが、縁が切られないかどうか内心怯えている）

人はみなどこかで人はみなどこかで人を操り、人に操られているという。

　蚕かクモの糸を英語ではSilken threadとは呼ぶ。糸は縁でもある。縁にはタテ（先祖との糸）とヨコ（現世の人たちとの糸）の二つの糸がある。これをstringsと訳したウェイン・W・ダイヤー博士の炯眼には畏れ入る。

　われわれは、自分が所詮操り人形や人形遣いでしかなく、自分たちの願望が満たされないオチこぼれなんだという、恐怖の因縁に悩まされている。We dance to the music of our fears. は、われわれは恐怖の音楽に踊らされている（踊るではなく）と訳す。これではいけないから、Pull Your Own Strings.（自分で縁の輪を広げ）、Cut your strings.（因縁を断て）という雄々しい語りかけである。いくら英語をやっても伸びない人は、因縁に振り回されている人である。世間の目（people's eyes）に怯えていては、英語がマスターできるわけがない。英語を学ぶとは環境と自分との闘いである。stringsを駆使する人が勝ち組となる。

ネクラ人間は
self-victimized personのこと

Stop punishing yourself.
「自分をいじめるのはよしましょう」

　この本はネアカ人間の勧めである。先のダイヤー博士はネクラ人間が好む表現を、次のように列挙する。

I'll fall.

I'll look stupid.

I'm unattractive.

I'm not sure.

They might hurt me.

They might not like me.

I'd feel too guilty.

この4月16日、ヴァージニアでまた校内乱射事件が起こった。またか！　犯人はネクラな韓国系米国人であった。

『The Japan Times』(2007年4月26日) でPaul Harrisは彼をこう表現した。

He killed because he considerd himself the victim;those he killed he saw as villains.

（彼は自分自身が被害者で、殺した者はみな悪党どもだと思ったから殺害に及んだのだ）

究極のネクラ人間だ。昼の太陽光線より、夜の月の光を好み、人との関わりをいっさい断ち切ったネクラ人間だった。

　そう、ネクラ人間とは self-victimized persons（自分自身を被害者とする人間）のことである。世の中には、自分自身が嫌いな人が多い。すぐに自分をいじめる人だ。そんな人には、You're hurting yourself. とか Stop hurting (victimizing) yourself. と慰めてあげることだ。

　ネアカを sunshiny persons、ネクラを moonshiny persons と訳したことがあったが、しっくりいかなかった。そんなある日、『TIME』からヒントを得た。女グセは悪いが"華"のあるクリントン元米大統領をネアカのモーツアルト（Amadeus）とすれば、真面目だがネクラのゴア元副大統領をサリエリ（宮廷作曲家）と表現している。映画「アマデウス」を観た人は、ネアカ、ネクラのシンボルが瞬時にとらえられる。How many Salieris are there in this class? と言えば、生徒はドッと笑うだろう。

ボキャビル派は自分がネクラだと思っていない

　shadows は、日本でいう「裏の人間」というカッコいい存在ではなく、闇という意味だ。闇将軍を『TIME』が Shogun of Shadows と訳していたが、これでは小沢一郎氏があまりにもかわいそうである。欧米人は犠牲者（sacrificed person）か堕天使（fallen angel）という暗いイメージでとらえてしまうからだ。悪魔のことを prince of darkness と表現することもある。悪魔的な発想を好むネクラ人間は、すべて cynics と呼ばれる。ディオゲネスのような犬儒学派は、安楽をことさら軽蔑したという。

「へん、シンビルなんてそれで幸せになれるとでもいうのか？

いつも自己の限界に挑戦して、息が詰まらないのかい。自己満足しているボキャビル派の方が幸せじゃないか」

cynics（皮肉屋、ネクラ）は、自分が暗〜いやつだとは思っていない。

日本では、マスコミなどで表に出ている人間はネアカに見えるが、実はネクラが多い。テレビ局、視聴者、タレントのつき合いに気を遣い、同僚の嫉妬の視線を気にしながら、自分たちが puppets on a string であることを知っているからだ。テレビカメラに向かうときだけはニコニコし、舞台から消えるとブスッとするタレントはネクラよりもはるかに暗〜い人間なのだ。ジョークやユーモアを研究している人でネアカ人間の少ないこと。

ネアカ人間は自分を解放させる

こういう私もネクラっぽいところがあるが、思想の解放のためにディベートをするネアカ人間ではないかと思う。思想から解放された自由人とは、pullers of their own strings（人や運命などの因縁に振り回されない人）のことである。

人生の敗北者は多い。They are many losers in life. losers とはひどい。大阪人は losers のことを「あかんたれ」と表現し「あんたあかんたれやな」と言って笑いで救ってやる奇特な人が必ず周辺にいる。英語で losers といえば、まさに救いようのないネクラになる。しかし、自らを敗北者におとしめようとする者は、もっとネクラだ。そんな人間に救いはない。

There's no way out for self-victimized Salieris.

Second thoughtsは
最初の考えの否定のこと

On second thought, I'm out.
やっぱり、ぼくは降りるよ

I'm having second thoughts about democracy.
やっぱり民主主義ってのは問題ですね。

この second のシンボルがつかめると、英語のロジックの本質を把握したことになる。

"I think you should learn to speak English first."
"Really?"
"On second thoughts, you've got to learn its logic first."

この on second thoughts が「やっぱり」と訳せると、同時通訳の基本を心得たことになる。

英語の3はピリオド

「和」を貴ぶ日本人は1、2、3、4、5……というように自然数的に発想するが、「対立」の文化の洗礼を受けた西洋人は2と3の間に緊張感を見出す。

その原点をプラトンに見るが、テーゼである1に「理性」を置けば、アンチテーゼである2に「感情」を置く。そうすればゼンテーゼである3が、その総合であり、妥協であり、結論となる。その3の筆頭の御者が、二頭の馬 (logic と emotion) の手綱

を引いている。つまり3が理想的な境地となるのだ。「第三の男」「第3の波」「Z議論」(XとYのあとにくる第三の解答) といえば、欧米人は、それが結論のように思い込む。

secondはデジタル（断絶）、anotherはアナログ（継続）

さて、導入の部分の1から3に至るプロセスの中間にあたる2とは何か。1から独立し、2になり1に対立する。しかしその対立は3に至るために正当化される。「3は和だ」という論文を書いたあと、「ちょっと待てよ、3は裁きの瞬間だから緊張のシンボルではないか」という疑問（second thoughts）を持ち始めると、最初の答えは消される。だから、この「ちょっと待てよ」もsecond thoughtsとなる。get (seek) a second optionも「第二の意見を求める」ではなく、最初の意見とは反対の意見を求めるというニュアンスが強くなる。

その心は、疑問である。つまり1に戻れない2なのだ。この原理がわかってくると、次の英文を誤解しなくて済む。

The poor old dear's in her second childhood and doesn't know what she's saying.

（一言で言えば、「この老婦人はボケ老人になった」ということだ）「第二の子供」「第二の人生」――「生まれ変わるなんてうらやましい」などと勘違いしないことだ。second chanceとはゼロから出直しをすることだ。another chanceは1回目に失敗したから、もう一度（2度目）のトライということになる。

欧米社会は、1と2が闘って、3で収まる戦いのプロセスを繰り返すといった、おぞましい文化的遺伝子を持っている。

☕ *Coffee break*

「やっぱり」という大和言葉は英訳しにくい。
「そこまで真剣に考え込む君の血液型は?」
「A型」
「やっぱり」

　この「やっぱり」は I knew it。映画でもよく耳にする口語表現、「カンでわかった」は I just knew it。それにしても、「やっぱり」という表現はだましのテクニックで、私のきらいな表現の一つだ。やっぱりがなぜ second thoughts に結びつくのか。それは first に対するアンチテーゼの second だからだ。そこには正々堂々とした「考え」の衝突があった。ディベートというプロセスなしの「やっぱり」はやめていただきたい。

　私は血液型のプロである——本にも書いたことがある。30分ほど話をしていると、80%は当たる。「あなたは、◯型でしょう」といって答が当たっていても、決して「やっぱり」とはいわない。書いておいたメモを見せる。大事をとって第一候補と第二候補も書いておくので完全な「外れ」は10%以下である。「どうして当ったの」と聞かれると、私の得意の分析とレトリックが始まる。「相手が血液型なんて当たらない」という偏見を持った人なら、「カンです」(I just knew it.) としか答えない。そして話題を変えてしまう。

第3章

シンボルでつかむ英語

Guiltは自分の目、shameは他人の目

Shame on you. Having said that, I feel a bit guilty.
恥ずかしいと思わないのか。そう言ったものの僕にも内心忸怩たるものがある

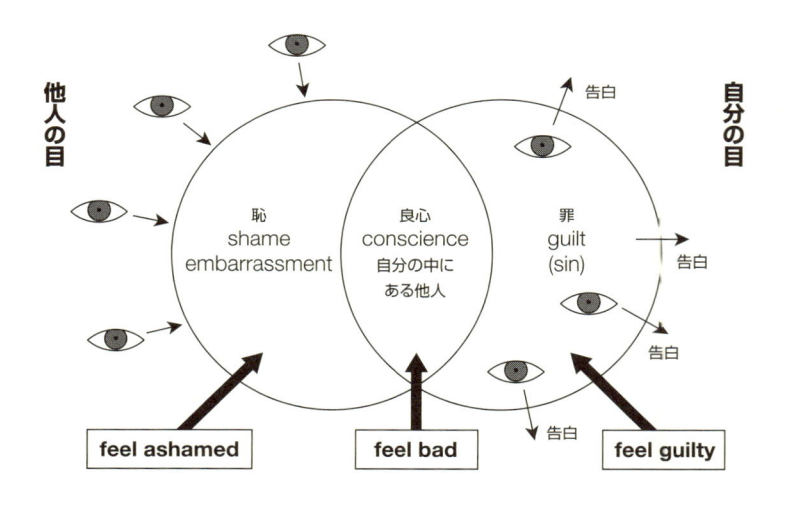

他人の目 / 自分の目

恥 shame embarrassment
良心 conscience 自分の中にある他人
罪 guilt (sin)
告白

feel ashamed / **feel bad** / **feel guilty**

　guilt も shame もどちらも「心」の次元に属しながら、シンボルは全然違う。「歴史に直面するうえでいちばんつらいことは、個人としてではなく、国として罪を認めることだ」とプライドの高いスイスの銀行家が言う。スイスは謝罪したことがない。今のスイス人は、あの頃（ナチズム）に関して罪意識（guilty conscience）を感じていないらしい。Guilt とは何か。

A feeling of responsibility or remorse for some real or imagined offence, crime, wrong, etc.
（ある実際の、あるいは想像上の罪、違反、犯罪、悪行に対する責任感や悔恨の気持ち）

のこと。過去を忘れたいスイス人と、過去を忘れさせないユダヤ人とのミゾは guilt をめぐるもので、それは次のディベートの議論になって現れる。

Is it better to remember or to forget? どうも、「過去を水に流す（to expunge memories）」という発想そのものが guilty なのだ。そしてそれは、crime でなくて sin（a willful violation of a moral principle）なのだ。crime は law に関するものだが、sin は divine law に関するもので、「見えるもの」と「見えないもの」との違いがある。

では、shame とは何か。The painful feeling of having done something dishonorable or improper のことである。日本人のいう良心の呵責（pangs of one's conscience）とは、shame に近いはずだ。「顧みて内心忸怩（じくじ）たるものがある」という心情も feel guilty より feel ashamed に近いが、それなのに、ネイティブの使う平易な英語に影響されて、feel guilty（罪の意識）に変わってきた。

日本は法の裁きにより、世間の眼がこわい国

村人たちにとり、世間の目が「法律」に代わる「良心」（conscience

とはa sense of shameのこと）であったが、都会へ来ると、世間の目から自分を守ることができるので、「良心」はa sense of guiltのみになる。大都会では面子（メンツ）（face）というものはあまり関係がなくなる。失敗して笑われ恥をかく（この場合はfeel embarrassed程度）くらいが関の山で、shameは滅多に使われない。

It's a shame you've never been on the Internet.
（あなたがインターネットをやったことがないなんて信じられない）

a shame（米語）がa pity（英語）という口語英語で使われるとき、「恥」は人の目、人の耳程度までに薄められる。

サンフランシスコで会った金光教の教会長は、日本人が一神教に行くと「行」をしなくなるので、空手など武道を教えているという。アメリカ人でもこのように体を使わせる「修行」とは何かということを考え始める、と私に語られた。

教会は道場ではないのだ。自ら参加する場所ではなく、神にsubmission（服従）あるいはsurrender（屈服）するところなのだろう。罪人でなければ闘う相手は神ではなく人間同士である。そこには、負けて恥をかくというshameの感覚こそあれ、神のアンテナにかかったguiltという発想は生まれない。

「大衆の面前であいつに恥をかかせてやる」は、"I'll make him look bad in public."で十分である。ここにはshameだけで、guiltはない。tribal society（部族社会）では宗教上のguiltではなく、村や家の恥（a disgrace）をそそぐために、revenge（復

讐）が正当化される。revenge を認める社会が都会化し、文明化されると、「掟」が「法律」に変わり、justice（裁判）という都会の概念が登場し、人より法そのものが裁き始める。

英語を学ぶとはシンボルを思考すること

　guilt は神と直結しているからタテ。しかし人間同士の関係はヨコ（平等）になる。周囲の目は shame。これはヨコ。

　つまり、タテかヨコかという、主観に基づいた視座がちょっと異なるだけで、相互誤解が発生するのだ。異文化コミュニケーションとは結局、言葉や文化の背後にあるシンボルとシンボルの交換作業にほかならない。

　英語をやれば頭がよくなる。英語は暗記科目ではなく思考科目だからだ。しかし、英語を学ぶことが思考の活性化につながるには条件がある。英語の単語をコツコツと増強するボキャビルではなく、英語のシンボルを雪だるま式に増強させるシンビルに切り替えることだ。よもや、語彙が増えればコミュニケーションが向上するなどと考えてはならない。シンボル抜きの言語コミュニケーションは相互誤解の可能性を増大させ、戦争を誘発させかねない。

☕ *Coffee break*

　外国旅行でいちばん楽しいときは、大型書店で洋書をあさるときだ。今年も Gulford 社の『Shame and Guilt』(June Price Tangrey, Ronda L. Dearing) を買って速読してみた。そして shame と guilt の違いにはっと気づいた。

　I feel guilty of being alone by myself reading TIME at a coffee shop (when everybody else is busy working).

　後ろめたさは guilt である。そして「行動」を認め自責している。しかし shame は違う。

　You've never brought your wife on overseas trips? Shame on you.

　女房を海外旅行に一度も連れ出さないことは、罪でもなければ犯罪でもない。ただ、「ひどいことだ」(Shame on you!) という他人の目を意識した発言だ。そういわれると、そのとおり、Shame on me. と笑って答える。議論するテーマではないからだ。guilt は何かの具体的な行為に対してであるが、shame は against oneself である。Sin であっても crime では決してない。

　ただし、私が再婚して 27 歳若い女性をもらったときは、人はそれを a crime だと定義し、そして赦してくれた。もし shame なら、人はいつまでも赦さないだろう。

Symbolは言葉で表せない意味

The olive branch symbolizes peace.
オリーブの枝は平和の象徴である。

　日米が深海探検を競う時代に入った。日本の海底ロボット「かいこう」が、水深 11 キロのマリアナ海溝に挑戦するといい、それを追うのがカリフォルニアの Project Deep Flight が頼りにする unmanned（無人の）Jules Verne Explore。担当のエンジニアである Graham Hawkes はこう答えた。

"It's symbolic, like the man on the moon and I think America should get there first."
（言葉では言い表せない、深い意味があるんだ。人間を月面に着陸させるようなものでね。アメリカが一番乗りすべきだと思うよ）

　最近観た映画『日本沈没』に、一人でも日本人を救ってみせるという意地っ張りな男がいた。大好きな海溝で殉死するのが本望という現代版のヒーローが巧みに（symbolically）描かれていた。
　13 年も前の『Newsweek』(1993 年 7 月 5 日号) の記事だが、カバーストーリー " The Deep ── Exploring Earth's Last Frontier. The Ocean Floor" の中には、この symbol という形容詞が 3 回登場した。二つだけ例を挙げてみる。

The symbolic goal of reaching the Challenger Deep.
（チャレンジャー・ディープに到着することの意義深き目標）

The symbolic trip to the Challenger Deep.
（チャレンジャー・ディープへの旅は意地でも果たさなくてはならない）

　これらを「象徴的な」と訳しては、英語の意味が見えなくなる。名状しがたい、筆舌に尽くしがたい、言葉では言い表せない、つまり「深い」となる。「なぜ、君はそこまで」と聞かれ、「さあ、そりゃ意地だね」と答えるには、英語で I just have to. がよいが、この「意地」も理屈では説明できないので、symbolic に含まれる。
　小泉前首相がアメリカのイラク攻撃に援助すると公言したのも、日米間のいわく言い難い絆からノーと言えなかった。この種のコミットメントを symbolic だと『The Economist』が形容していた。

道のシンボル交換は難しいが・・・

「道を求める」という深遠な行為も、深さ（depth）と関係がある。だから Project Deep Flight のコンサルタントである Don Walsh というパイロットは、次のように言う。

"If I may mix metaphors, Japan's pole star is the sea, and the deep vehicles program is the ultimate expression of that...（P.34）
　私なりの隠喩を用いると日本人の求める〈北極星〉は海であり、

深海艇計画がそれを如実に語っている。

the polar star とは北極星（The North Star, Polaris）のこと。これは、欧米の航海士にとり、正しい方角を教える guiding principle（指導原理）なのである。シンボル交換をすれば polestar（ワンワードで使われることも）は（求める）"道"に結びつくはずだ。

次の図のように比較すれば、シンボル交換は簡単だ。

```
            ┌─────────────────────────────┐
            │ the polar star（北極星）      │  the higher, the
symbolic    │                             │  better (outward)
   ↑        │ 空              西洋         │
   ↓        │ 海              東洋         │
            │              （とりわけ日本） │  the deeper,
  deep      │                             │  the better (inward)
            │ ocean depth                 │
            └─────────────────────────────┘
```

この symbolic に対し、pictorial は視力に訴えるので、より鮮明である。Use more pictorial language. といえば、「もっと絵になる言葉を使いなさい」という意味になる。抽象的な言語は活字が支配する視界の世界だから、やたらに big words が登場する。しかし、読者はなぜかわかったような錯覚に陥るのである——いや、わからなければ自分に理解力がない、教養がないと自己卑下をし、文体を批判しない。見えないもの（意図）を探る世界は see である。文体を image し、その中から symbol をくみ取る（get the message）、主観の世界である。

I cried, cried, and cried. と言えば、より pictorial である。あ

るいはI cried an ocean. とか、I cried buckets. というようにオーバーな表現もあるが、かえって見えなくなる。図表に表せない（not graphic）のだ。

　絵になる書き方はgraphic writing、「絵になるように考えよ」はThink graphically. でよい。Your speech is very graphic. はホメ言葉であるが、Your speech is too symbolic.（話が深すぎて見えない）とかYour speech is too cosmic.（話が雲を摑むようで）ケナシ言葉になる——見えないからである。しかし、tooをveryに換るとホメ言葉に一変する。

☕ Coffee break

　罪 (guilt) には人目は要らない。こっそりやましいことをするのは sin だ。中絶反対派たちはこんなスローガンを掲げて街中を練り歩く。
　Don't kill your babies. Abortion is a sin.
と、リズムがいい。crime ではないから灰色だ。アメリカは灰色という中間色を許さない国だ。だからアメリカ人は「間」を嫌い、埋めようとする。そして「間」を時間 (space) か、空間 (time) に置き換える。
　We need to give each other space.
　お互いにベッタリするのはやめようじゃないか
　We need to give each other time.
　お互いがまだ子供なんだからもっと間が要るのよね
　夫婦間でも「間」が大切なのだ。しかし、「間」そのものが訳せない――― pause としか。「間をとる」は to pause。
　He paused before he began to pose.
　ポーズをとる間に、少し「間」をとった
　pause の冠詞は要るのか要らないのか。要るのである。書き言葉としてはこうなる。A pause. Then he posed, another pause. というように。
　つまり、「間」が可算名詞なのだ。だからアメリカ人は、「『間』が重要なのは分かった。で、『間』は何秒、いや何分要るのかね。How long does the ma last?」といったトンチンカンな質問をするのだ。「間」(the ma) も pause も、冠詞は要らないはずだ。「間」にグローバル・スタンダードはない。傲るな、英語国民よ！

「なんとか道」といえばship

Shape up or ship out.
やるかやらないのか、どちらかにしてよ

　バミューダ諸島は表向きは英国領だが、実質、アメリカの監視下にあるといってよい。英米が嫉妬しあう仲は、こんなところで確認できる。小麦色をした売り場の女性に、「あなたの夫があなたに嫉妬したら」という突拍子もない質問をした。もう一人の話好きの老婦人が二人の会話に割り込んだものだから、彼女の語気が強くなった。

"Shape up or ship out!"
（真面目にやらないんだったら出ていって）

　という文脈であったが、いまだにあのshipのシンボルは何だろうと考え続けていた。

「今後ともよろしく頼むぜ」（Welcome aboard.）と会社の先輩。「光栄です。これからもよろしく」（I'm glad to be aboard, Captain.）と返せば、相手は「頼もしい奴だ」と笑うはずである。ここにも組織体がshipに結びついている。なぜか。これに疑問を感じ、研究された英語学の大家がほかにもいた。渡部昇一氏（上智大学名誉教授）だ。

私が渡部氏と対談したときもボキャビルの話が出たが、氏の語源から入るボキャビル法は、私のシンボルでボキャビルするシンビルにとって、ライバルだと感じた。語源から英語を学ぶ人間は、石のように固い信念がなくてはならない。一所懸命（所に留意）同じ土地にしがみつき、耕し、根を生やしていく。英語のルーツを探るとは、険しい崖っぷちで数時間もかけて自然薯を掘り出すような苦行なのだろう。

　私は、英語のルーツや文法などに関心を持たず、まるで流浪の旅を続けるように斬れる英語を求めた。一カ所に滞ることは許されなかった。嵐のようなさわやかさで一所懸命（関西では「所」より「生」に近い）英語の生命（いのち）（genius）を求め続けてきた。石と風、東北と関西、同じ学者でもこれだけ違う。

　柴崎清孝記者（デイリー・ヨミウリ）はジャーナリストであり、実用英語の大家でもあるが、「英語教育に関しては東北が牙城ですよ」と私に苦言を呈したことがある。その言葉が気になり、渡部昇一氏をライバル視してきたことは確かだ。

シンビル派が恐れる語源に強いヤツ

　Does it work? というプラグマチズムでは必ずしも動かされない東北人は、思い詰めると一所で懸命に燃える。その表れの一つが『英語語源の素描』（大修館）であろう。

　──現代英語の名詞語尾〜shipが「船」の意味のshipと同一語源であること、さらに語源をさかのぼると、それは「柱」とか「木を組み合わせる」という意味になること、そこからドイツ語schiffen

（ションベンする）とか、古英語 gesceaph「性器」の意味があるなど、意外な派生があることを述べた——（P.125 より）

こういうところから、氏は「運命」が「船」と同一語源であり、その仮説の"心"は「木を組み合わせて家（宇宙）を造る」という表象ではないか、古英語 gesceaph あるいは sceaft（=gesceaft）には創造という意味があるから、「運命」が「創造」に結びつくのではと、想像をたくましくされている。こういう一途な思い込みは東北人ならではと戦慄する。仮説としては熱すぎる。このあたりから、渡部氏は ship のシンボルの虜になられたと思う。

——最近、テープでイギリス人同士の会話を聞いていたら、"Shape up or ship out!"という表現があった。前後の関係からいうと、「ちゃんと振る舞え、それができないなら辞表を出せ」ということのようである。この場合、shape と ship が同一語源であることは現代の speakers によって意識されることはないはずである——（P.133 より）

さらに続く。

——古英語以来の〜ship 語尾の単語には earlship（武人らしさ、勇気）がある。そのうち、earl が「伯爵」という貴族階級を示すようになってから、earlship が earldom の同義語として「伯爵領」、そして「伯爵の位、その身分」を意味するようになった。そして earlship（武勇）は friendship（友情）と並べられる種類の人間の美徳を示す抽象名詞となった。——

まるで紙芝居のように楽しい。

この個所を読んで gentlemanship を思い出した。その語源は武

勇であった。だから女に優しく (gentle) する義務があったのだろう。ゼントルマンシップには、古武士のように毅然としたところがあったから貴族になり得た。genteel（ジョーンティールと発音する）というフランス語は、今でも貴族意識の高いイギリス人に使われている。

「らしさ」が ship に結びつくとき

　映画『ある貴婦人の肖像』の中でも２回使われていた。
　この gentlemanship が日本の「武士道」に匹敵すると喝破されたのは BBC のトレバー・レゲット氏である。私が氏の武士道論に感銘し、BBC を訪れたとき、氏は私を昼食に招き、日英の共通点について語られた。
　イギリスには class（階級）があって、class（気品）もあった。だから今でもアメリカ人と違って控えめである。アメリカ人は I won, because I played hard. と言うが、慎み深いイギリス人は、へりくだって I won, because I was fortunate. と述べるだろうと語られた。
　氏の私に対する態度も極めて genteel（1.belonging or suited to polite society 2.wellbred or refined 3.affectedly or pretentiously or delicate）であった。ところが、3. に関しては、慇懃無礼という場合も用いられるので、使用に気をつけた方がよい。
　どうもフランス語の中には外見やうわべを重視する伝統があるように思う。婦人に対する歯の浮いたような（こういう表現にも日本語独特の嫉妬に似た偏見があるかもしれないが）優しさがある。心の中で考えていることを外へ表現することが gesture なのであるから、

日本人が否定的に考えるゼスチャーではない。

shipは「道」も「術」も乗船させる

Suave: smoothly agreeable or polite.
Savoir-faire: knowledge of just what to do in any sutiation.

これらもすべて外目によく映るように立派に仕上げられたshipではないか。この延長で、私はshipという抽象名詞に思い切って「らしさ」「風(ふう)」「道(どう)」というシンボルを結びつけることがある。

接尾語の〜shipをランダムハウス英和辞典で引いてみよう。

A suffix meaning: state or quality (friendship); office or position (governorship), rank or title (lordship); skill or art (horsemanship), all people involved (ridership)

つまり、接尾語の— ship は「形造られたもの」ということになる。

salesmanship
セールスマン術。最近では「術」の代わりに「道」を用いる人もいるが。
one-upmanship
競争相手を出し抜く要領を競うゲーム。詐欺も入る。
gamesmanship　　ゲームの達人を目指す術。

私は etymologist（語源学者）ではない。ディベート教育をすすめるプラグマチックな求道者である。真理の究明、そして究論のために役立つものは、たとえ苦手な分野であっても敬意を表する。法廷弁論の達人で、これまでの40年間、刑事事件の法廷弁護士として一度も負けたことのない Gerry Spence 氏の言葉を思い出す。

　彼の思想を要約するとこうなる。

　――会社とは船のようなもので、乗り換えることができる。しかし、人は船でないのと同じように人は会社でもない。会社は人を裏切ったり、人は会社に裏切られることはない。会社はしたがって「虚構」となる。船という「虚」を造りあげるのが好きな欧米の文明社会では、「個」を大切にするがあまり、どうしてもまとまりが悪くなる――。

　だから一蓮托生に追い込むには、船の中へ放り込むことだ。これが ship であり、口語的にいうと boat になる。We're in the same boat. といえば、「われわれは運命共同体なのだ。意地を張っている場合じゃない」という意味なのだ。

サムライ英語教師は教室ではキャプテン（船長）であれ

　今日の宇宙船地球号（Spaceship Earth）を信奉する人なら、Don't rock the boat.（和を乱すな）と言い続けるだろう。英語教育界では controversial な存在である私だが、英語道という軍艦（battleship）に乗り込む船員と乗員たちは、私を captain と呼んでくれる。英会話より、日本語でディベートを幼児教育からやるべきというディベート道論（強いて和訳すれば「究論道」）が私

のトレードマーク（flagship）になってしまった。

　だから、妥協できない舵取り船長（a captain at the helm）としての私は、中途半端な気持ちで、または猜疑心を抱いて乗り込んでくる来客には、「やる気のない者は去れ」（Shape up or ship out.）とすごみたくなることがあるのだ。

　Shipという接尾語の中でも、最近日本語で最もよく使われる抽象名詞にleadershipがある。日本政府は、leadership crisisの（leadする人がいない状態）真っ只中にある。かつて、2001年2月26日号『Newsweek』は「Sinking Mori」（沈みゆく森）という短いコラムの中に、次のような朝日新聞の記事を引用した。"The ship called Japan is in peril with foundering Captain Mori at the helm."（founderとはsinkのこと）

　森船長が舵をとる日本丸じゃ、気も滅入ってくると言いたげだ。「気が滅入る」とはgetting the sinking feelingのこと。やはり船と関係がある。日本人の「和」もshipとかboatというシンボルに交換すれば、英語ももっと斬れるはずだ。「和を乱すな」は、Never destroy harmony.よりもDon't rock the boat.の方が、よりvisualなはずだ。船が揺れると——一人の反逆者の陰謀により——どんな組織でも会でも道場でも沈む。だから私の行動哲学、そして執筆哲学は今も変わらない。

　来るものは拒まず、去る者は追わず。

　英訳すれば、やはりshape up or ship out.か。

乗組員がじっと我慢をしている
日本人の和はwashipではないか

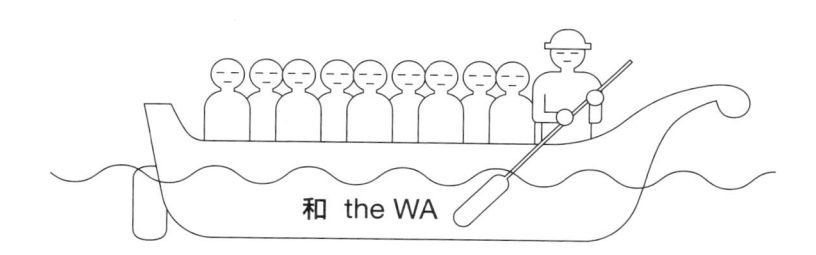

和　the WA

☕ Coffee break

　shipのシンボルはSである。sea, sink（沈む）、submarine。見えないものに対し、self（自分）に対して罪の意識（sin）を感じる日本人は、世間を（神より）恐れる村人だ。村人とはshipに同乗している乗組員のことだ。一緒にshape up（しゃんとする）できないやつは、ship out（出ていってもらおう）と村八分にされる。friendship、comradeship（同志）も、leadershipもmentorship（親分子分、兄弟分の間の結びつき）、fellowship（さしづめ仁義）など、shipはすべてwa（和）と結びつく。日本企業のトップが「和」をharmonyと訳して、外国人従業員の間でどれだけdisharmonyやdiscord（不協和音）が生じたことか。swimするsnakeもいる。見えないところでsecretlyにsleepしているsnakeがSatanとシンボライズされるのは、蛇のシンボルはsilenceだ。しーっ(sh)。悪に聞こえるぞ。そういえば蛇の声はS,s,s,だ。この声はsinfulな心に語りかける。

　なぜsがsinister（悪）なのかって？
　もっと勉強しなさい。Put up or shape up.（黙ってついてくるんだ）。

Onのシンボルは、ベタッとくっつく

Don't die on me.
私を残して先に死なないで

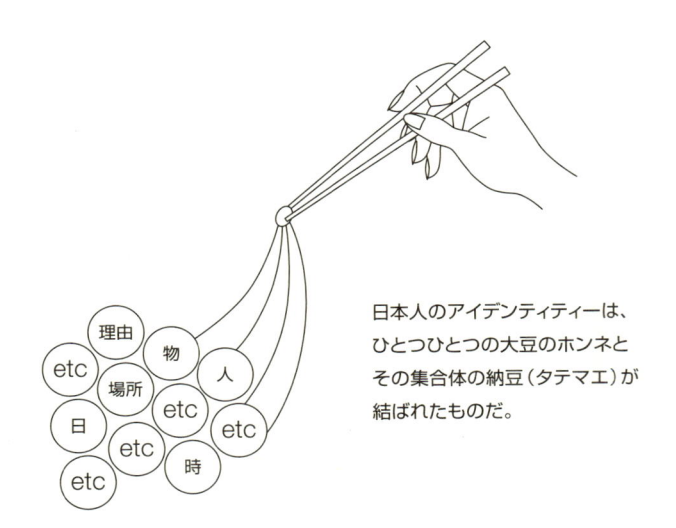

日本人のアイデンティティーは、ひとつひとつの大豆のホンネとその集合体の納豆（タテマエ）が結ばれたものだ。

　納豆は、ベターッとくっつきあっている大豆の集団である。箸で一粒の大豆を引っ張り出すと、大豆なのか納豆なのかわからなくなる。「どっちなんだろう、ぼくは」とその大豆が悩むことを、identity crisis と呼ぶ。しかし、納豆のあのネバネバした（sticky）糸がくっついている間は、まだ納豆という identity を失ったことにはならない。日本の社会を納豆集団と名づけてから四半世紀になるが、私の比喩は今も有効である。

「私は彼女にぞっこん惚れ込んでいる」は、"I'm stuck on her."

日本人の a group identity を最も巧みに表現するには natto (sticky beans) に限るといえば、反論する外国人は一人もいなかった。そう、このベターッとした糸 (strings) に on している間は、納豆、いや日本人なのだ。

今、on という前置詞を使ったが、これを「〜の上に」と訳しては、シンボルを見失ってしまう。ボキャビル派は英単語の数で勝負するから、「on は『〜の上に』なんだ」と覚えてしまうとそれで満足してしまう。しかし、シンビル派は英単語の質を問うので、on のシンボルが把握できるまで、ねばる。

They keep on working on 'on.'
（彼らは on から目を離さずに研究し続ける）

このセンテンスの on の3つの共通シンボルは、ベターッと納豆の糸のように「切れない」という core meaning を"核"として、息づいている。

市販の辞書ではどこまで英単語のシンボルが学べるか

研究社の辞典で、その息づかいが聞こえるか。
1.〔場所の接触を表して〕…の表面に、…の上に（ここで日常学習者は give up するから on のシンボルは永久に見えないままだ）
2.〔付着、所持を表して〕…にくっつけて、…の身につけて
3.〔支え、指示を表して〕…で、…を軸にして

4.〔近接を表して〕…に接して、…に面して
5.〔日、時、機会を表して〕…に
6.〔時間の接触を表して〕…するとすぐに、…と同時に
7.〔基礎、原因、理由、条件などを表して〕

　なるほどと思うくらい見事な分類だ。しかしこれでは、Bring him on.（かかってこい——逃げるな。オレはここから逃げない）のシンボルが摑めない。『TIME』の見出しにも出、アメリカの小学生でもわかる英語なのに、日本にいる英語の達人がわからない。on シンボルが摑めていないからだ。日本人が学ぶ「表」の「〜の上に」は、1.だけで、2.以下の裏（まだまだ続くが）はどうだろうか。
　漢字にとらわれず、そのシルエットだけを追えば、「（ベターッと）接触する」という絵が夕闇の空に浮かび上がってくる。
　大修館の『ジーニアス』は、「接触、近接が原義、そこから接触面に働く関係、動く方向や時間関係を示すようになった」とよりシンボリックに解説している。
「〜の上」以外の用例を挙げてみよう。

A picture on the wall	かかっている
The dog is on the chain.	つながれている
Put a ring on your finger.	離れないように
The dress looks good on you.	ぴったり
He's on Yomiuri.〔He's on the payroll of Yomiuri.〕	
雇われている——給料で	
He's on duty.	仕事に——縛られている

He's on business.　　　　　　出張中で、遊びではない
She's on medication.　　　　　薬で治療中──逃げられない
We're hooked on video games.　テレビゲームにはまっている
The house is on fire.　　　　　火事──火が消えてない

on　　　　　　　　　　　**on**

ONのご恩を忘れずに

onは、納豆の糸のようにベターッとくっついている。このonの粘着性が感覚的にわかれば、日常会話はラクになる。

The coffee's on me.　　　　　このコーヒーはオレのおごりだ
I'll call on you.　　　　　　　君を訪ねるよ
Take on the world.　　　　　　世界を相手にしろ
Okay, I'll stay on call.

電話一本でいつでも動けるようにしておくよ
That depends on you. 　　　　　それは君次第さ

　この on というご縁を忘れたら、「恩知らず」と言われる。このシャレ（play on words）でウケたら、人は "That turns me on." と笑ってくれる。しかしすべったら、観衆から "You've turned me off."（寒ぅ〜）とブーイングを受ける。私はこのようにシンビルにはまって（hooked on）おり、まるで英語教育の操り人形のようなものだ。操り人形を英訳すればどうなるだろうか。そう、puppet on a string だ。この on のシンボルが見えれば、英語道の有段者だ。

on a string

第3章・シンボルでつかむ英語

Onのシンボルで恩返し

You got a lighter on you? Thanks.
ライターをお持ちですか？恩に着ます

最近、on に恩義を感じるようになった。

in は中に入って見えない。卵の殻の中のヒナのようなものだ。そこで修行する、その段階を「守」という。「型」(the kata) を学ぶのだ。

その殻から飛び出したいという生物的欲求が生じると、ヒナ鳥は、殻を中からつつき始める。これが「離」。それまでは「まーだだよ」と助けなかった親鳥も、今こそ外から殻を破って、come out させる。これがいちばん難しい「離」の段階だ。師弟関係の醜い争いは、ここに集中する。

このタイミングを誤ると、ヒナは死ぬ——早すぎても、遅すぎても。英語では perfect timing、禅仏教では「啐啄同時」（師家と弟子のはたらきが合致すること）という。私の英語、そしてディベート道のための人間教育（mentorship）も、このタイミングを重視する。

なぜか。私の教え子が焦って巣立って（本を書いたり独立したりして）、失速するケースがいかに多いか。もう弟子でないから批判もできず、嫉妬していると痛くもない腹を探られるのもいやだし、世に出てもいいのに、まだ私の下で勉強している弟子もいる。もっと自己ピーアールせよ、と言いたくて、心を痛めてしまう。卵の中（守）

での学びが終わり、出たい（破）という欲求をブレークスルーを（破）させるのが師の使命であるから、この段階でいがみ合うことを最も悲しむのだ。

「破」を通過せずに「離」に逃げるのは恩知らずだ。「破」とは何か。卵の殻にくっつくことだ。これが on という英語のシンボルだ。これは on の対決だ。巣立つべきか、巣立たせるべきか、弟子と師が悩むときだ。

　故・大山倍達氏（極真会館総統）、そして私を最も悩ませたのも、この啐啄同時の on の対決のタイミングである。

onは「ベターッ」のシンボル

　応用問題。『TIME』（2006年6月12日号）にこんな見出しがあった。シンボルがつかめるか。

TRADING ON BUZZ

　そう、「にぎやかなニュース（ハチのブンブン）に便乗して、株の売買をする」という意味だ。小泉人気も on buzz word（一言メッセージ）に支えられたものだ。石原慎太郎は失言によりメディアに叩かれたが、意外に織りこみ済みで、彼の株価に響かなかった(He's never fluttered on news.)。

　この on は（ベターッと）密着して、という意味だ。

　on は見える。in は見えない。この in から on のプロセスを経て、out し off（独立）するのが、「守」「破」「離」。このステップを正

しく踏めばだれでもきっと独立できる。

　come out は必ずしも社会に出るという意味ではない。最近でいう come out は as a homosexual という意味が隠されている。

　伝言者のグルといわれたトム・ピーターズが書いた一冊の本、『Thriving On Chaos』がベストセラーになった。もし、Thriving In Chaos とすれば売れなかっただろう。なぜか。

　in とすれば、「この混沌の中に生きる」となるから、『清貧のすすめ』(How to Be Poor But Honest) のたぐいの道徳書を期待するだろうが、on chaos とすると、「このカオスに便乗して稼がせてもらう」という意味になる。不況だからこそ稼げるのだというから、一家心中しなくてもいい、という夢を与えることになる。

　私は、求道者である。私の人生は in michi、つまり in principle である。しかしネイティブが on principle を使うときは、急にこの原理原則が見えてくる。私の価値観や哲学を「利用して」行動するという意味になる。in principle（道から外れないで）では見えない。私は「道」をミチ (in) とドウ (on) に分ける。ミチがゼロとすれば、ドウは見えるから1から始まる。私の人生もミチ（ゼロ）から始まり、ミチ（ゼロ）に終わる。教祖になりたいという気持ちは毛頭ない。ただ、アメリカの歌手、ジョニー・キャッシュが死ぬまでしぶい声で歌い続けた「人生の道」"Walk the Line"（オレは道から離れない）を実践していきたい。walk the line──the line の前には in も on もない。だから、彼の傷だらけの人生そのものが、the line であって同時に "道" (the Way) だったに違いない。

Phobiaのシンボルは
fearより深い脳幹にある

I'm a gynophobic.
ぼくは女性恐怖症ですね

　これといった理由がないのに、何かを恐れることがある。この原初的な fear を phobia と呼ぶ。古代ギリシャに生まれた、病的恐怖のことだ。フォウビアという接尾語を一つ覚えておくと、数百個の英単語が数日の間で覚えられ、しかも忘れないというから、まさにマジック・ワードだ。phobia（恐怖症）を phobic に変えれば、形容詞（何かにおびえる）にも、名詞（恐怖症の人）にも変わるから、語彙数は少なくとも二倍になる。phobia はギリシャ語だからといって恐れる必要はない。日常会話でも簡単に使えるようになるはずだ——基本的なギリシャ語の語源さえ恐れなかったらの話だが。

　火を極端に恐れる人を a pyrophobic と呼ぶ。pyromania は放火魔。水に恐怖を感じる人は a hydrophobic だ。hydroelectricity は水力電気。これで pyrophobia と hydrophobia（狂火病、狂水病）が覚えられた。ギリシャ語はちっとも怖くない。まずギリシャ恐怖症（Grecophobia）をなくすことだ。ついでに覚えておこう。

　　Francophobia　　フランス恐怖症
　　Judeophobia　　ユダヤ恐怖症

    Japanophobia　　日本恐怖症
    Russophobia　　 ロシア恐怖症
    Anglophobia　　 イギリス恐怖症

 そう、誰しも恐怖の対象を持つ。中学生の私が木登りをしていたときに、頭のてっぺんをハチに刺されたことがあった。それから、ハチ恐怖症（apiphobia）になった。しかし、これをもってapiphobic（こんな単語は覚える必要がない）と決めつけることはできない。それは単なるfearに過ぎない。しかも前頭葉で説明のつく恐怖（rational fear）だから、すぐ忘れるものだ。今も、ハチの研究に余念がない。しかし、数回ハチに刺されると、develop the fear of beesとなり、phobiaとなり、旧皮質から脳幹にまで刷り込まれていく。そして、子孫がその蓄積されたfearをphobiaとして潜在意識の中に押し込めるだろう。

日本人に多い英語フォウビック

 妻は特にムカデを嫌う昆虫恐怖症（an insectophobia）である。幼少の頃に苦い思い出があるからだろう。
 最も多いのが、クモ恐怖症（arachnophobia）を持つ人たち（sufferers）である。phobiaに関心のある私が、真っ先に観た映画『アラクノフォビア』は、スリラー映画としても楽しめる知的娯楽映画であった。Arachneはギリシャの神のアラクネのこと。知恵の女神Athenaに機織りの競争を挑み、クモに変えられたLydiaの女のことだ。

確かに、クモは機織り（weaving）の達人だ。私はクモはさほど好きではないが、インターネットであらゆる情報網を操る人間に対しては、かつては phobia を覚えた。こういうのをテクノロジー恐怖症（technophobia）という。私は何でも新しいものを恐れる a neophobic ではないが、とにかく進みすぎた文明の利器は苦手だ。いや、私の E-mail を担当していた妻は、「主人は電気の通るものはみんな苦手よ」と、苦手なクモ人間を私から遠ざけてくれていた。"My husband is an electrophobic." と英訳できる。ちっとも難しくはない。電気の electricity を覚えておけば、electoro と phobia をくっつけるなどは簡単なことだ。

　古代ギリシャにはコンピュータがなかった。しかし外国語とギリシャ語を結びつけることはタブーであった。He's a computer phobic. という混血語は穢れだったに違いない。言語そのものを恐れる人は、a logophobic である。Logos はギリシャ語では言葉、論理を表すからだ。

　そもそも外国語アレルギー症の人は、social phobias（対人恐怖症）──この用法は今なら用いられる──を患っている人であるから、海外留学を勧めたい。そんな人は、飛行機が恐いからといわずに「私って、高所恐怖症だから」"Because I'm an acrophobic." と言うだろう。本当はパーティ恐怖症だろう。パーティの場は agora（広場）のようなものだから、agoraphobia の一種といえよう。日本人同士でも英語で話し合う英語道場のような場所を恐れる人たちは、すべて agoraphobics であって、「日本人同士でしゃべらなくったって、海外へ行けばペラペラになる」と盲信して

いるから困る。

　その人たちは、ネイティブとのマンツーマンの授業がいちばんいいと考える Japanophobics だ。私などネイティブと一対一など、狭所恐怖症（claustrophobia）にかかりそうで耐えられないだろう。私が外国人恐怖症の持ち主だということではない。相手が女性だったら恐怖を覚える異性恐怖症（a hetrophobic）でもない。

英語のシンボルをイメージするのは脳幹か

　ここでこの phobia をシンボルで覚えるためにひとこと。

　get the fear of 〜は使えるが、get（develop はたまに使われるが）phobia という英語は使えない。先天的なもので、後天的に acquire できないので get とは相性が悪いのだ。しかし、Get your phobias under control.（恐怖心に怯えるな）という表現は用いられる。つまり、phobia は fight or flight（闘うか逃げるか）

という意志決定を司る脳幹（brain stem）にまでさかのぼるのだ。脳幹の弱い人は、意志決定恐怖症（decidophobics）と呼ばれる。この brain stem（脳幹）は脊椎や内臓にまで直結しているだけに、胎教にも関係がある。シンボルは後天的に学べるが、根源的な恐怖（phobias）などをイメージするのは、先天的なものだろう。

☕ Coffee break

　私はコンピュータが嫌いだった。"I'm a techno-phobic."（テクノロジー恐怖症）と、文明から逃げていた。しかし、fear に勝つには fear に直面するに限る、と考え直し、今ではデスクトップの前でインターネットの虜になってしまった。Wikipedia という編集可能な百科事典を引くのが楽しくて仕方がない。ブリタニカが石の encyclopedia なら、ウィキペディアは風のそれだ。今でも FOX News を聴いていると、ブリタニカとウィキペディアのバトルが報道されている。とにかく、百科事典全巻が持ち運べるとなると、私のような一匹狼的なライターは身軽になる。ハラゲイ（haragei）と英語表記でウィキペディアで引いてもちゃんと出てくる。私の名前が何度も出てくる。腹芸（ザ・ハラゲイ）を英語で解説できるのは、日本では私くらいしかいないというプロ・コミュニケーターの面目も、この事典なら果たしてくれるので、ますます親密になっていく。

　最近では、英語版のブリタニカが加わった電子辞書も含まれたので、電車の中でもエンサイクロペディアと英会話ができる。Phobia (extreme and irrational fear of a particular object, class of objects, or situation)（Britannie）の中から関連語が見つかると、ジャンプしていく。かつて、私が英語道初段の頃、英英辞典を片手に旅へ出た頃が懐かしく思い出される。思えば遠くへきたものだ。

Efficientな人は要領のいいマネージャー

He's efficient about picking up girls.
彼はあっという間に女の子を軟派する

「てきぱきとした秘書」は、efficient secretary という。仕事が早く、就業時間の前には、雑務を片づけているので、残業はしない。あとは趣味のクラスに通う。

しかし、仕事面での要領は悪いが、残って外からかかってきた顧客の電話をとったりして、仲間のそして会社のために陰徳を踏むことをいとわない、要領の悪い秘書たちがいる。そんな inefficient（要領が悪い）秘書でも、上司や会社側からしてみれば、effective secretary なのだ。

efficient　効率的
effective　効果的

邦訳してみても、そのシンボルの違いがわからないので、英語学習者は 使い分けるまでには至らない。

与えられたタスクに集中し、てきぱきと（efficiently）に仕事をこなす人にとり、「時間」が能率の尺度になる。ハチのように直線的なのだ。ハチは、make a bee line（ハチのように直線に進む）から efficient だ。

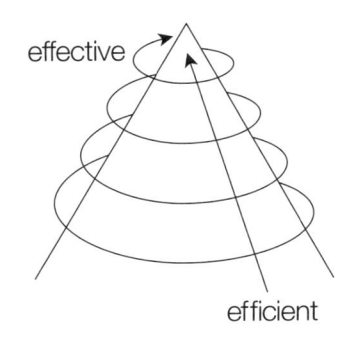

effectiveは時間ではなく結果

　それらに対し、effectiveのシンボルは何か。それは、残業してでも会社の対外的信用——これが結果（effect）であれば——に寄与するから、effectiveになる。リーダーは、おしなべてeffectiveであるべきだ。effective leadershipという表現はあるが、efficient leadershipという言葉はピンとこない。人を動かすリーダーではない。効果的な（全社的な視野で考える）リーダーは、効率的なマネージャーを部下にしたがるからである。

　この違いが判らなければ、会社組織が崩れる。アメリカの大学で経営学を学んだ人はefficientのマネージャーになるが、日本ではアメリカで学んだmanagerial skillsはあまり役に立たない。

　これもefficiencyとeffectivenessの違いだ。

　アメリカではEfficiency is religion.（効率が全て）といわれるのも、会社経営では、四半期ごと（短か過ぎる）の業績で、マネージャーの力量が試されるからであろう。マネージャーは部門間での競争、そして時間と競争を抱え、いつクビにされるかビクビクしてい

る。effective など考えていられない。

曲がりくねった頂上に着くのが effective

　山の頂上にだれが一番先に到着するか。
　efficient タイプは、一直線に昇り切ろうとするから、息切れする risk を負う。ころげ落ちると loser になる。
　一方、effective タイプは、蛇行進行するか、山をぐるぐる回りながら頂上にたどりつこうとする。時間はかかっても、確実に頂上を極めることができる。登山者が増えれば増えるほど effective leader がいる。efficiency という目先のゴールしか考えない仲間が増えると、チームの和が乱れる。
　組織が崩壊するときは、必ず efficient な目立ちたがりが、effectiveness を目指すチームの足をひっぱることから始まる。

　我々日本人は、アメリカ文化の影響を受け、いつの間にか無駄を嫌うロジックが efficiency と共に、日本の文化（道）を蝕み始めた。ディベートは、何のためにやるのかという effectiveness（効果）を問わず、どちらのサイドが勝つか、負けるかというノウハウだけが気になる efficiency ゲームになり下った。
　そこへ道を加えたらインド哲学に近くなった。
　ヴァルミキという聖人がいた。若い頃、追いはぎに会った。「どうして私のものを奪うのか」とその聖人が問えば、追いはぎは「妻と子を食わせるからだ」という。
　「人のものを盗むことは罪（sin）だぞ。親子がその罪を一緒に背

負ってくれるのか」

「もちろん」

「では、私を木にしばりつけ、帰って親子に聞くがいい」

　追いはぎは、帰って親子に訊ねたところ、ノウという答えが返ってきた。それに恥じて、悔やみ悔悟の涙を流し、神に帰依する決意をし、瞑想を始めたという。ドロボーが聖人になる。

　アメリカで同じことが起これば、sin ではなく、crime とみなされ、彼は犯罪人として前科を重ねることにつながり、永久に救われない。このドロボーをディベーター好みのレトリックを用いて論理的に説いたところで、永遠に「悟り」（救済が狙い = effect）を与えことはできなかった。釈迦は人を見て法を説けといった。この対機説法が、私が目指すディベート道教育である。<遊び>や無駄は多いが、この effectiveness をゴールにしているので、議論によりケンカ別れすることはあり得ない。

第3章・シンボルでつかむ英語

☕ Coffee break

　自著『ひと息英語—3秒編』で、「念ずれば花開く」のことについて触れた。あれから半年経ち、Self-Help 社の『Positive Imaging』(by Norman Vincent Peale) を読んで、ここにも迫力のある「念」の関連語が見つかった。念とは the power of imaging のことでもある。Image yourself blossoming. これでよい。これが「念ずれば花開く」の私流の解釈だ。

　自分を花にたとえることは、東洋人なら簡単だ。荘子は、imaged himself fluttering like a butterfly、つまり、自分が蝶か、蝶が自分かわからないという夢を見ている。私が最も見たい夢だ。

　次は、ヴィンセント・ピール自身の英語だ。

What you can image, you will be, in the long run.

念ずれば、自分もそのようになるということだ。

Thoughts can influence in ways that no one fully understands... Pray for your husband's safe return. ... And strongly image him returning safe and sound. (P.26)

　実にパワフルな英語だろう。たまには『TIME』から離れてペーパーバックも読むことだ。英語をマスターしてみせると念じることだ。Image mastering English.

　とはいうものの、英語は難しい。この本で初めて image victory とか image defeat という他動詞が使えるコロケーションを学んだのだから。道は遠い。英語は難しい。

「先生、僕もそう思います。英語は難しい」
「お前が言うな!」

英語のシンボルを求めよ

"X" is the symbol for Jesus Christ.
X はイエス・キリストを表すシンボルマークだ

なぜ、シンボル・ビルディングか

 天皇は日本の象徴。「象徴」を英訳すれば、symbol。symbol? いろいろな憲法学者がいろいろな解釈を加えるが、一般の日本人には、天皇が国のシンボルであるというのがピンとこない。
 こういう場合は、英英辞典で調べてみることだ。英語を母語とする人たちが何をシンボライズしているのか、わかるからである。英語の心（soul）をつかむために、たまたま手元にある Ramdom House Webster's Dictionary から symbol のシンボルをつかみ、その本質に迫ってみよう。

目に映らなければ Symbol ではない

 symbol とは、a material object used to represent something, often something immaterial のことである。何か（無形の何かという意味でしばしば用いられる）を表示するために用いられる物体。
 要するに、「見えないものを見ようとする」「精神的なものを物質

的なものに変える」というプロセスで生じたモノがsymbolであって、ココロではない。

確かに、占領軍にとり、"国体"とは生物体でいう"核"のようなものだから見えるわけではない。そのザ・コクタイがthe national polity（polityは政治形態）と英訳されてもまだ外国人にはわからない。

そんな、つかみ所のない霊体（spiritual body）が天皇。そして、天皇は外国のemperor（皇帝）などではない。しかし、このような説明では外国人に理解（see）できないのである。

アメリカは「lookの文化」であって、「seeの文化」ではない。英語学習者は英語の中をseeせず、英語の外だけをlookしようとしているから、何も見えないままである。

lookは目を使わなければわからず、seeは目を使わなくてもわかる。唯物主義（materialism）と唯心主義（spiritualism）とに大別すれば、英語圏、特に欧米文化はlookできるもの（つまり証明されたもの）しか理解されないのである。抽象的な表現より、具体的な認証（examples）がものを言うのだ。

推定無罪（Innocent until proven guilty）の国は、見えるもの（something proven）しか信用しない。証拠が見えない限り、いかにあやしい被疑者でも無罪と推定されてしまう。見えなければ裁けないからだ。

見えない存在を白日の下にさらし出して暴く（東京裁判のごとく）というのが、欧米思考である。天皇という神格化された存在を俗物化する（to "degod" the tenno）とは、見えないものを

symbolize することである。

ロジックを超えるのがSymbol

　天皇に人間宣言を勧め民主主義のルールを教えるというプレゼントは、占領軍が被支配国を弱体化させるために最も都合のいいa symbolic gesture である。かつての原潜事故などは、日米の力関係を示すバロメーターであり、最もタイムリーな a symbolic issue であって、最近では首相による靖国参拝などが、日中間の a symbolic issue と言えよう。ロジックだけでは解けない、ディープな（意味論 =semantics をも含む）問題だということだ。

シンビル派とボキャビル派のディベート

There's a good clash between symbols and images
シンボルとイメージの対決は噛み合っている

語彙が少ないから英語が話せないと信じ込んでいる人が多い。

語彙が少ないから、大学入試に自信がないということならわかる。

しかし、語彙が多ければ英会話ができるという考え方はおかしい。にもかかわらず、日本における英語学習者のほとんどが、そう信じているのだ。

だから、必死に単語を覚えようと思い立つのも当然であろう。英語の「読み」「書き」「聴き」「話す」という4技能のうち、「話す」ことが一番簡単だと信じている私ですら、いずれ英語がペラペラになってやるとの信念から、高校3年生の頃必死に単語を覚えたことがあるからだ。

もっとも私の場合は、関西学院大学の附属高校だったから、大学へ進学するのに受験の必要がなく、つまり受験用の英語の勉強をする必要がなかった。そのおかげで英和辞典から離れ、英英辞典に挑戦することができた。英語のシンボルをつかまなければ、英語の感覚（語感）が身につかないと判断したわけで、当時としては早熟であったと思う。

ボキャブラリー（語彙）を増やすより、英語の感覚（a feel for language）を鍛えなければ英語でコミュニケーションできな

いという切迫感は、私自身をボキャビル校からシンビル（symbol building）校へと編入させたのである。

　ここで、ボキャビル派（vocabulary builders）とシンビル派（symbol builders）を対比させて、本書の持つ意味を再度明確にしておきたい。

ボキャビル派：英語でコミュニケートできないのは、英語の語彙が不足しているからだ。ボキャブラリーが増えれば、英語が読めて聴けるので、当然英語が書けるし、話せる。つまり英語でコミュニケートできるので、意味論など考えるヒマはない、と考える。音読派に多い。

シンビル派：英語でコミュニケートできないのは、語感（feel for language）が欠けているからであり、それはいくら広く浅く単語を増やしても、言葉の意味（単語の、単語間の構造・意味的関係）など、コミュニケーションに関わる心など身につくものではないと考える。多読・速読派に多い。

　これではまだ違いが分からないので、ディベートにより相互検証をしてみよう。ボキャビル派が反論する。

「基本的な単語がなくて、英語がインプットでき、しかもアウトプットできるのか。基礎的な英語を learn（学習）せずに、どうして英語によるコミュニケーションができるのか」

シンビル派が答える。
「理論的には正しいでしょうが、現実はどうでしょうか。ボキャビル派に、ネイティブ相手にラクラクと英会話ができ、あるいは堂々と渡りあえるほど自信のある人はそれほどいるでしょうか。英語について知っている大家や英語そのものを教えるならボキャビルでいいでしょうが、英語でコミュニケートを望む人にとって大切なのは、英語をacquire（獲得）することです。学ぶより、慣れよなのです。ところで、ボキャビル派の哲学は何ですか？ 狙いがわかりません」

ボキャビル派：「英語は話せなくてもいい。教養を身につけるうえで大切な科目なのだ。その方が大学受験のための問題作成者が助かるのだ。シンビルなんかやってみろ。大学側はどうやって採点できるのだ。ぜひシンビル派に聞いてみたいね。あなたの〈哲学〉とやらとともにね」

シンビル派：「リスニングテストによる速聴、長文読解による速読――これらは辞書離れのために役立ちますからね。哲学――英語学習の目標は、英語による異文化コミュニケーションの『間』にあるmentalese（心理言語）を強化することです。バイリンガリズムへの道といってもいいでしょう」

ボキャビル派：「あなたの考え方を通せば、英語の文化圏に溶け込まなければ英語が学べなくなる。英語の文化侵略を受けるという代償を払わざるを得なくなる。哲学は何となくわかるが、具体的な例がないのでシンビル派の発想が見えない」

シンビル派:「見えない？　私たちの見解は、きわめてクリアです。そもそもコミュニケーションとは、相互交信的（インタラクティブ）であるべきであって、『読み』と『書き』、そして『聴く』と『話す』の間に、バランスのとれたものでなくてはなりません。まず英語はインプットすることから始まります。具体的と言われたので、ボキャビルの方にここで質問していいでしょうか。『インターネットの利用者が最近増えている』を訳してください」

ボキャビル派:「そんなのは簡単だ。The users of Internet are increasing in number these days.だ。シンビル派はどう訳すのだ?」

シンビル派:「Internet is big.」

ボキャビル派:「なんだ、そのビッグっていうのは。辞書ではわからないぞ」

シンビル派:「そんな英語が使われているのです」

ボキャビル派:「われわれの英語が間違っているというのか」

シンビル派:「そんなことは言っていません。文法的には正しい、しかし『斬れない』と言っているのです──少なくとも、こんなに広く使われている英語の形容詞が読めない、聴き取れないようでは、コ

ミュニケートはできません」

ボキャビル派:「じゃ、日本人に通じなくてもいいというのか。日本人の英語を、外国人にも学ばせればいいではないか」

シンビル派:「あなたの意見が正しければ、外国人に日本語を教えた方が手っ取り早いんじゃないですか。あなたの言い分は、ネイティブがHe's allegedly guilty.（彼はまだ容疑者だ）と言っても、それは日本人に通じないからHe is a suspect.に変えよと言っているようなものです。CNNのニュースキャスターに、日本人にもわかる英語を話せとか、スローダウンしろとか、bigなんて不可解な英語を使わない日本人にもわかる英語――たとえばinfluentialなど――を使ってほしいとゴネているようなものです」

ボキャビル派:「コミュニケーションが相互通信的（インタラクティブ）であるべきだと言ったのは、あなた方の方じゃないのか。bigをpopularと置き換えるくらいの配慮があってもいいだろう。アメリカ英語がすべての英語ではないのだから」

シンビル派:「ご指摘のとおり。この本でも紹介していますが、bigというのはアメリカ人好みの英語でタイム誌やニューズウィーク誌にはよく登場しますが、エコノミスト誌などではめったに使われません。あなたのおっしゃるとおり、アメリカ文化の発想を無節操に受け入れることは、思想的に洗脳されることになりかねませんね」

ボキャビル派：「それみろ。イギリス人は、われわれと同じようにアメリカ英語を嫌っているではないか」

シンビル派：「しかし、イギリス人はそれがアメリカ的発想だということを知っているのです。ボキャビル派の人たちは、英語も米語も区別がつかないじゃありませんか——ちょっとした発音の違いを除いてね。やはりシンビルが必要です」

　このディベートを通じて明らかになったことを整理してみよう。
　ボキャビルは日本の伝統的な学習法で、英語そのものを学ぶうえで役に立ち、大学入試の採点者の手間も省ける。しかし、英語の映画はエンジョイできない。
　その点、シンビルはオーソドックスな英語学習法ではないものの、英語でのコミュニケーションを学ぶ人には近道だ。CNN、BBCやAFN（元FEN）、そして映画の英語がラクに聞こえるようになるだろう。

「受験英語は、英語のコミュニケーション能力を伸ばすうえではマイナスになる」とは、マルチリンガル人間、グレゴリー・クラーク博士の言葉。さて、オーソドックスなボキャビル（表）に対し、私が提唱してきたシンビル（裏）が正面衝突する（英語では an honest conflict of opinion という）ことにより、何か新しい価値が生まれなければディベートは不毛となる。単に、日本人好みの感情的で不毛な口論に終わってしまう。
　本書で扱いたかったのは、ボキャビルとシンビルの折衷案ともいえる、第三のアプローチである。ボキャビルはコツコツと孤独に耐

え、苦しみながらやる高IQ（知能指数）人間向きのアプローチだが、シンビルは周囲とコミュニケートし、楽しみながらやる高EQ（心の知能指数）人間向きのアプローチである。この一見相反する接近法を足して2で割るアプローチ（英語では a cross between IQ and EQ approaches）であるといえる。

　本書をじっくり読んでいただいたら、しばらくアウトプットを考えずに、生の英語を聴き、読み、使われている英語のシンボルを確かめていただきたい。英語を使うのはそのあとでもよい。そして、本書で述べたことは私自身の英語哲学である。もし私のシンビル学習法が現実（テレビや外国での実際の場面）とずれていれば、厳しく検証していただきたい。反論を喜ぶ——心から——のが、ディベーターの意地である。

　客観の軌道修正を受けた主観でなければ、正しい英語を、そしてシンボルを読者に伝達することができないから。英語教育者にとって最も大切なことはプライドであり、一番危険なことはプライドにこだわり意地を張ることである。pride のシンボルはポジティブだが、too much pride は意地を張る（getting too personal）となり、ネガティブなプライドといえる面子（face）に衣替えすることになる。

Prideは「攻める」が、面子（face）は「守る」

　かつてNHKのテレビ番組に、英国のサッチャー首相が招かれたことがある。日本から英語の達人と称される人が招かれて彼女にインタビューをした。中に、We Japanese are diligent. と言った人がいた。誰の英語か忘れたが、そのとき、サッチャー女史の表

情が急にこわばって、怒りの反論に変わった。なぜ彼女が怒ったのか。女性だから、言葉の裏のメッセージ（meta-message）にoverreact（過剰反応）したのだ、という人がいるだろう。しかし、これはおもに英語と論理の問題なのだ。

We Japaneseといえば、聞き手にとり、You English（じゃ、あんたがたにイギリス人は）となりイギリス人はdiligenitとは正反対のlazyとなる。diligentは価値観を含むbig wordであったのだ。diligentな人をロングマンで引くと、

someone who works hard and is careful and through
（注意深く、徹底した働き者）

ということになる。

James H.M. Webb氏は、『英語のミス』（The Japan Times）の中で、Japanese people are very diligent.は間違いで、正しくはJapanese people are very hard-working.だと言っている。日本人が好んで使うdiligentとかindustriousは形式的な書き言葉で、riskyだということだ。私も外国人に日本の労働論理を述べるときはbig wordは使わない。Japanese people work hard. そのあと、But it doesn't mean you're lazy.と限定（qualify）する。これが有段者の英語だ。そしてさらにジャンプを加える。We simply work longer hours.（労働時間が長いというだけのこと）とへりくだる。そして、You work smart.（あなた方は、要領よく働く）と持ち上げる。ここまで来ると、相手は同じく口語英語で斬り返してくる。呼吸があってくると、もっとvisuallyに私の得

意の metaphor を用いて、東西の勤労観の相違について述べる。
Japanese are ants; you're bees. We work harder, you work smarter.

そこから、少し哲学が入る。

Bees are more efficient and each and everyone is accountable. Ants are more effective, more organized, and more group-oriented. So it's hard to hold each and everyone accountable for what they do. Everyone's responsible and the buck stops nowhere.
（ハチはもっと効率的で、一匹一匹が自己責任を負う。アリはもっと効果的で、もっとまとまっており、仲間おもいだ。だから、責任の所在をはっきりさせることは難しい。みんなに責任があり、だれも最終責任をとらない）

ここでネイティブはドッと笑う。グループで働くアリは、和を守るうえで効果的（effective）であるが、時間的ロスが多く（not efficient）、スピード感に欠ける。ハチの世界では、efficiency という名のもとに簡単に雄バチ（drones、役立たずな雄バチのこと）lay off する。役に立たないハチを巣から追い出すことを、英語では to economize（無駄をなくす）という。

　個室が与えられているハチは自己責任（accountability）の所在がクリアであるが、アリの場合は、すべてが responsible であるから、誰にも責任が及ばない（The buck stops nowhere.）。

すべてシンボルを用いてスイスイと、しかも何時間でもネイティブ相手に話ができる。ただ、体の調子が悪いときや、私生活に乱れが生じた場合は、一昔前に学校で学んだ big words（diligent のような）が口から飛び出す。ボキャビル時代の私の潜在意識が、シンビル派に衣替えをした私に復讐し始める。これが恐ろしいのだ。
　ボキャビルとシンビルは、私の心の中でも格闘し続けているのかもしれない。

☕ *Coffee break*

　ときどき、松本道弘も迷う。シンビル（シンボル・ビルディング）が意味しているのはイメージ・トレーニング（イメトレ）のことであるから、イメビルにしようかと考えたこともある。
　しかし、響きがよくない──イメトレ？　イメトラ？　やはりボキャビルに対抗するにはシンビルだろう。つまり、英語の語彙がイメージできなければ、いくら単語を増殖させても聴き取れず、話せず、読めず、書けない「使えない」という結果になる。
　イメージング・パワーのない単語や英語の言い回しは、bad English（使えない英語）である。シンビルが目指す strong English こそ、good（使える）英語なのだ。シンビル、シンビル、シンビル……。そのうちに慣れてくる。

あとがき

　心理学者カール・G・ユングの『Man and His Symbols』を再読した。ユングは、symbols も images も同次元のフィーリングに位置づけられ、思考や論理を重んじる文明人から primitive（原始的）だとみなされるのが気にくわなかったようである。心理学者に共通するルサンチマンであったのか。

　であれば、フロイトとともにそのような名状しがたいその怨念を晴らしたいという潜在意識が夢となって働いたに違いない。

　眠れば、feeling の世界。目覚めれば thinking の世界に戻る。しかし、眠りによってしか復讐できない心理が、人をして daydreamers にさせる。私もそういう一人であった。26歳の頃の私には、英語には自信があった。英検1級、ガイド国家試験に合格、英会話においてはほぼ無敵であった。ほしいものは何でも手に入れる自信もあった。だから、その年に結婚して、新妻は戦利品（スポイル）のようなものであった。新婚旅行は、龍馬の高知を選んだ（これからおれは尾長鶏より闘犬の生き方を選ぶのだ）と、日記にも書いた。何しろ自信満々だったのだ。

　そんなルンルン気分の私を夢から覚めさせ現実に引き戻したのが、帰りの客船の中で捨てられていた一冊の『TIME』だ。パラパラとめくってみたが、読めないのだ。

　日本でも市販されている英字新聞ならスラスラ読めるし、すぐにわかる、と周囲に吹聴していたが、まるでついていけない。見出しがさっぱりわからない。知っている単語ばかりなのに、内容がイメー

《著者紹介》
松本道弘（まつもと　みちひろ）

「英語界の武蔵」という異名で知られている。国際ディベート学会会長、関西サッカー・ディベート協会会長。教育哲学者、現在、民俗学にも手を染めている。紘道館館長を筆頭に、いくつかの私塾長を兼任するも、自主管理にまかせ、今は自由人（a free spirit）。独自のバイカルチャリズムの道をめざす「英語道」とバイリンガルのサッカー・ディベートを提唱し、ICEE（道検）を主宰。著書には『ぼくの英語格闘史』（アルク）、『図解　ディベート入門』（中経出版）、『通じないカタカナ英語』（DHC）、『自分の英語辞書をつくる』（研究社）、『日中英語戦争』『情のディベートの技術』（講談社＋α新書）、『なぜTIMEが読めないのか』（小学館）、『一息英語1秒編』『一息英語2秒編』『ひと息英語3秒編』『燃えよ英語！』（たちばな出版）などがある。現在、「元祖ナニワ英語道 http://plaza.rakuten.co.jp/eigodoh/」「紘道館公式ブログhttp://www.english-kodokan.com/index.html」を公開中。

英語のシンボルで学ぶ
ネイティブに負けない「英語力」

平成19年9月20日　初版第1刷

著　者　松本道弘
発行者　杉田早帆
発行所　株式会社　たちばな出版
　　　　〒167-0053　東京都杉並区西荻南2-20-9　たちばな出版ビル
　　　　TEL　03-5941-2341（代）　　FAX　03-5941-2348
　　　　ホームページ　http://www.tachibana-inc.co.jp/
印　刷　萩原印刷株式会社

ISBN978-4-8133-2087-6
©M.Matsumoto 2007　Printed in JAPAN
定価はカバーに記載しています。落丁本・乱丁本はお取り替えいたします。